就活前に知っておきたい

サクッと
わかる

労働法

弁護士　笠置裕亮　共著
　　　　有野優太

日本法令®

はじめに

　この本は、主として高校生〜大学生（法学部生以外の方）が、労働法の重要な部分についてわかりやすく理解できるよう、工夫して作られた本です。

　労働法については、これまでたくさんの教科書が出版されています。私自身、法学部では労働法学者の先生が書かれた労働法の教科書を読み、講義を受けて勉強をしていました。

　私たちは日頃、労働者側の弁護士として労働事件に携わりながら、労働トラブルに巻き込まれる方が一人でも少なくなるよう、各地の高校や大学で、労働法に関する講演を行っています。私たちの講演を聞く方の多くは、法律を勉強したことのない方です。

　法律を勉強したことのない方に、労働法のポイントをよく理解していただくためにはどのように話せばよいだろうか——さらに理解を深めたい方のために、どのような本を勧めればよいだろうか——。講演活動を始めるようになってからの、私たちの最大の悩みでした。

　労働法の教科書は、当然ながら、法学部で労働法を学習しようという方や、会社の中で人事労務に携わる方向けに書かれていることが通常です。しかし、これでは高校生や法学部ではない大学生にとっては、オーバースペックです。

　この本では、あえて重要な論点にしぼって、労働事件に携わる弁護士の観点から、トラブルに遭った場合にはどうすればよいかというところまで含めて、わかりやすく解説しています。皆さんがアルバイトや就活をするとき、また就職した後で困ったことがあったと

きに、ぜひ何度も読み返してください。ご自身が置かれている状況をどのように理解し、何をすればよいのかを考えていく一助となれば、これほどうれしいことはありません。

　それでは、労働法とはいったいどのような法律で、皆さんをどのように守ってくれるものなのか、一緒に勉強していきましょう。

弁護士　笠置 裕亮

もくじ

はじめに

第 1 章　労働法の役割

第2章　働くときのルール

第3章　賃金・労働時間に関する法律

第4章　非正規雇用に関する法律

第5章　職場のハラスメントに関する法律

第6章 解雇・雇止めに関する法律

第7章 退職に関する法律

第8章 労働トラブルの解決方法

おわりに

第1章

労働法の役割

Ⅰ 労働法、はじめの一歩

1 働くことの意味とは

　皆さんは、歴史の勉強の中で、古い建物やお城、お墓を見たこと
があると思います。これらは、昔の人たちが一生懸命働くことで作
られたものです。つまり、人は昔から働いていたということです。

　働くということは、自分が品物を売ったり、他人に何かをしてあ
げる代わりに、賃金をもらうということを意味します。よほどのお
金持ちでない限り、働いて賃金を稼いでいかなければ、生活費をま
かなえないはずです。多くの方が働いている一番の理由は、生活を
するために必要な賃金がもらえるからです。

　働くことには、ほかの意味もあります。働く中で様々な人たちと
のつながりが生まれ、人間関係が豊かになるという側面です。働か
ずに自宅で過ごしているだけだと、人と関わる機会は少なくなって
しまいますね。働くことによって他人とつながりを持つことが、生
きる喜びを得ることにつながるかもしれません。

　こうした理由により、昔から多くの人々が働いて生活をしてきた
のです。

2　労働法がある意味とは

（1）産業革命以降、働く中でトラブルが頻発

　日本でも昔から働くことに関する一定のルールはありましたが（律令制のもとでの人身売買の禁止など）、働く人（労働者）を守る労働法ができたのは、産業革命以降のことです。

　産業革命に伴い、各国で工業化・都市化が進展していき、大きな工場などの資本を持つ使用者（雇い主のこと）のもとで、多くの労働者が働くようになりました。その中で、欧米諸国の都市部において雇用問題（大規模な解雇、賃金未払い等）、貧困問題（体を壊すなどして働けなくなってしまったり、異常な低賃金で労働させられる等）、労働災害（労災）事故が頻発し、社会問題になっていきます。

　人が働くためには、使用者から言われたとおりの場所に行って、自分の身体を使って働かなければなりません。もしも使用者から言われた場所がとても危ない場所だったら、多くの方が労災事故に巻き込まれてしまうことになります（実際、産業革命時の各国では、職場環境に関するルールが十分整備されておらず、多くの方が働く中で命を落とすことになりました）。

（2）働くうえでのルールがないとどうなる？

　人が働かなければならない最大の理由は、生活に必要な賃金がもらえるからということでした。もし使用者から、「君は死んでしまうかもしれないけど、危ない仕事をやってくれ。これは命令だ。命令に従えないなら、賃金は1円も払わない。話し合いには応じない。

今すぐやれ」などと無茶なことを言われたら、どうでしょうか。賃金を払ってもらえないと生活ができないから、危ないかもしれないけど仕事をしないといけない、交渉をしたいけど話が通じないし、従うしかない…などと思い詰めてしまう方も出てくるでしょう。

　このように、働くうえでは、使用者から言われた仕事をやる必要があるわけですが、労働者は賃金をもらわなければ生活に困ってしまうために、使用者と比べてどうしても立場が弱いのです。それに付け込み、無茶な命令をしてくる使用者も出てくるかもしれません。そうなっては、安心して働くことはできません。

（3）労働者を守るルール＝労働法

　労働者が安心して働くためには、使用者が労働者を働かせるうえで破ってはいけないルールを国が法律として定め、それを使用者に守らせる必要があります。

　働くうえでのルールが書かれた法律のことを、まとめて労働法と呼んでいます。その中には、労働基準法や労働契約法、労働安全衛生法、労働組合法といったたくさんの法律があります。例えば、労働基準法では労働者に対して労働条件をきちんと明示しなければならないことや、賃金を直接、通貨によって支払わなければならない義務があることなどを定めています。また労働安全衛生法では、労働者を働かせるうえで使用者が整備すべき職場環境の最低基準について定めています。

（4）法律が守られているかチェックする機関

　このような法律を使用者に守らせることで、労働者が安心して働き続けることができるようにしているわけですが、本当に法律が守られているかどうかをチェックする機関がなければ、法律は絵に描いた餅になってしまいます。法律違反がないかどうかをチェックするために国によって設けられているのが、労働基準監督署や裁判所です。

Ⅱ 憲法と労働法、各職場でのルール

1 憲法と労働法

　日本という国の最も重要なルールが定められているのが、日本国憲法（憲法）です。

　憲法では、日本で生活する人であれば誰もが持つ権利について定められています。例えば憲法25条では、「すべて国民は、健康で文化的な最低限度の生活を営む権利を有する。」と定められており、これは生存権と呼ばれています。

　人が生きていくために必要なのが、働くことです。生存権を具体的なものにしていくため、憲法では勤労権（27条）や団結権（28条）が定められています。これらについてさらに詳細に定め、憲法上の権利を実効性のあるものとしているのが労働法です。

　ほかにも、憲法では個人の尊厳の自由（13条）、法の下の平等（14条）、奴隷的拘束・苦役からの自由（18条）、思想・良心の自由（19条）、信教の自由（20条）、表現の自由（21条）、職業選択の自由（22条）が定められています。これらは労働者にも当然に保障されている人権です。そのため、使用者から特定の宗教を信じるように強制されることや、退職したいのに妨害されるようなことは、人権侵害にあたり、違法であり無効と判断されます。

　このように、労働法は憲法によって保障された人権をより具体化

したものであるといえます。

2　民法との違い

　対等な立場にある者の私人間の契約関係について定めているのが、民法という法律です。民法は、あくまで立場の強弱のない大人同士、つまり対等な個人間のルールを定める法律です。そのため、法律とは異なる取り決め（契約）であっても、当事者間で合意して決めた場合には、民法ではなくその契約のほうが優先されます（契約自由の原則）。

　なぜかというと、民法に定められているルールの多くは、絶対にそのとおりにしなければならない、というものではないからです。法律におけるこうしたルールを任意法規といいます。

　では、この原則を労働の分野に及ぼしてしまうと、どうなるでしょうか。労働者は使用者と比べて力が弱く、なかなか自由な立場での交渉ができません。下手に不平や不満を言ってしまうと、首を切られてしまうこと（解雇）だって考えられます。そのため、よほど良心的な使用者でない限り、一方的に労働者側に不利な内容の契約が結ばれてしまう場合が多くなってしまうでしょう。

　そのため、民法とは異なり、労働法の場合には、法律で決められていることを守ることが絶対であり、法律を下回る契約内容は無効となります。こうした法律を強行法規といいます。つまり、労働法は強行法規ということです。

3　各職場でのルールを定めるもの

　上記のとおり、使用者であれば誰でも守らなければならない働く
うえでの最低限のルールは、労働法で定められています。しかし、
使用者といってもどのような事業をやっているかは様々です。その
ため、各職場での独自のルールを定める必要があります。

　各職場でのルールは、労働協約（労働組合と使用者との間で定め
られた働くときのルール）や就業規則（使用者が定めた働くときの
ルール）、労働契約書（労働者と使用者との間で定められた仕事に
関する契約の内容が書かれた書類）を見ればわかります。それぞれ
について、第２章で詳しく説明します。

Ⅲ 労働法は誰に適用されるか

1 労働法が適用されるのは「労働者」

　労働法が適用されるのは、労働者に対してです。労働者ではなく事業者（フリーランス等の個人事業主を含みます）であるということになれば、仕事をする中で報酬をカットされてしまったり、契約を解除されてしまう等のトラブルに遭ったとしても、労働法が守ってくれないということになります。

　最近では、雇われない働き方もかなり広まってきています。フリーランスとして働く方は急激に増えており、2021年には1,500万人を超えたという統計も出ています。その中には、自分の専門的なスキルを活かして自由に活躍している方が多くいる一方で、自由が利かない働き方を強いられながら、契約の名前だけ「業務委託契約」とされてしまい、法律の保護が受けられないことに苦しんでいる方もおり、社会問題となっています。

　そのため、労働法が適用される労働者といえるかどうかは、大変重要な問題なのです。

2　労働者かどうか、2つの考え方

Q1　私は YouTube で配信する動画制作の仕事をしています。動画の内容やセリフは私の先輩だけが決めており、私の意見が聞かれることはありません。私の役割はカメラマンであり、決められた時間に決められた場所に行き、指示されたとおりに貸し与えられたカメラを回します。そして、指示されたとおりに先輩のスタジオで動画の編集をするのが私の仕事です。勤務日は週5日で、朝から夜まで働きます。そのため、ほかの仕事をしている余裕はありません。

　私はカメラマンということで、先輩との間で業務委託契約を結んでいます。しかし、撮影場所によっては危険な思いをすることもあり、労災保険に加入してほしいと思っています。撮影場所が遠いことも多く、拘束される時間がとても長いのですが、毎月支払われる報酬は最低賃金を下回っており、割に合いません。何とかならないでしょうか？

　労働者といえるかどうかを考えるときには、2種類の考え方があります。

①　労働基準法上の労働者性

　1つ目が、「労働基準法上の労働者性」（労働基準法上、労働者といえるかどうか）です。これが認められると、労働基準法だけでは

なく、労働基準法を基礎とした様々な労働法（男女雇用機会均等法、最低賃金法、労災保険法、労働安全衛生法、育児・介護休業法、雇用保険法など）が適用されるようになります。

②　労働組合法上の労働者性

　2つ目が、「労働組合法上の労働者性」（労働組合法上、労働者といえるかどうか）です。これが認められると、労働条件に不満があった場合などにおいて、労働組合を結成し、組合を通じて使用者と労使交渉ができるようになりますし、使用者の態度によってはストライキを行う等の争議行為を行うこともできることになります。

　①②の労働者といえるかどうかは、それぞれ別々の考え方で判断するため、認められるための要件も異なります。

　それでは、どのような基準を満たせばそれぞれの考え方に従った労働者と認められるのか、次ページから見ていきましょう。

Ⅳ 労働基準法上の労働者

1 労働基準法上の労働者とは

　法律では、労働基準法上の労働者とは、「使用される者で、賃金を支払われる者」と書かれています。しかし、これだけではどのような場合に労働者といえるのかが、よくわかりません。そのため、どのような基準を満たせば使用されているといえ、どのような基準を満たせば支払われているお金が賃金であるといえるのかについて、国が判断の目安を示しています。

2 労働者性の判断要素

（1）使用されているかどうか、判断のポイント

　まず、「使用されている」というためには、指揮監督関係にあることが重要です。指揮監督関係にあるかどうかは、下記の要素について、それぞれの有無や程度を見ていくことになります。

指揮監督関係かどうかの判断要素

①　仕事の依頼・業務従事の指示等に対し、引き受けたり断ったりする自由があるかどうか（諾否の自由の有無）

②　業務を行ううえで、会社が業務の具体的内容や遂行方法を指示し、業務の進捗状況を把握、管理しているなどの実態があるかどうか（指揮監督の有無）

③　勤務時間や勤務場所の拘束があるかどうか（拘束性の有無）

④　他人がその仕事を代わりにやってもよいかどうか（代替性の有無）

　①④があれば、指揮監督関係は薄いと考えられるため、使用されているとはいいづらくなります。他方、②③があれば、指揮監督関係があると考えられるため、使用されているといいやすくなります。

（2）賃金といえるかどうか、判断のポイント

　次に、どのような場合に支払われているお金が「賃金である」といえるかについて考えてみましょう。

　支払われているお金が、時間給・日給・月給などのように、時間を単位として計算される場合には、賃金を支払われたと考えられ、労働者であるといいやすくなります。他方で、時間ではなく仕事の成果に対して報酬が支払われる場合には、支払われているお金は賃金とはいえず、労働者であるとはいいづらくなります。

賃金かどうかの判断要素

①　時間を単位として計算される場合⇒賃金といえる

②　仕事の成果に対して報酬が支払われる場合⇒賃金といえない

（3）その他、判断のポイント

　上記（1）（2）のみからでは判断が難しいという場合には、次の要素なども考慮しながら、労働者かどうかを判断していくことになります。

> ### その他の判断要素
>
> ①　仕事に必要な機械・器具をどちらが負担しているか（労働者が用意している⇒労働者とはいいづらい）
> ②　報酬の金額（あまりに高額な報酬額が定められている⇒労働者とはいいづらい）
> ③　専属であることを求められているかどうか（専属を求められている⇒労働者といいやすい）
> ④　税金などの処理の仕方（源泉徴収がされず労働者が自ら確定申告をしている⇒労働者とはいいづらい）

3　実態から判断する

　以上の判断は、当事者の主観や形式的な事情（契約書のタイトルに何と書かれているか等）ではなく、客観的な事実や労働の実態に基づいて行われます。そうでなければ、実態からすれば労働者であり、労働法の保護を受けられる場合であっても、契約書のタイトルを「労働契約書」ではなく「業務委託契約書」に変えておけば、法律の規制をすり抜けられるという不合理な結果を生みかねません。

　ここで、実際の裁判例を2つ見ておきましょう。

①　労働者ではないと判断された裁判例

　トラックを自前で用意して配送業務を担当していた運転手について、業務遂行上の指揮監督関係が薄く、報酬も時間単位ではなく出来高払いであるとされており、仕事に必要なトラックも自前のものであり、源泉徴収等もされていなかったことから、労働者性が否定されています。

②　労働者であると判断された裁判例

　大学病院の研修医について、業務遂行上の指揮監督関係が強く認められ、時間や場所の拘束も強く、支払われていた奨学金等が給与所得として源泉徴収されていたことを踏まえ、労働者性が肯定されています。かつては、研修医は労働者ではないという扱いが広く見られましたが、現在では研修医を労働者として扱うことが一般的になっています。

Ⅴ 労働組合法上の労働者

1 労働組合法上の労働者とは

> **Q2** 私はYouTubeで配信する動画制作の仕事をしています。動画の企画を立てたり、脚本を書いています。Q1のカメラマンの方とは違い、内容に関する指示を受けることはなく、時間や場所の拘束もありません。契約は業務委託契約ということになっており、報酬は固定給に加えて毎月の収益の中から一定割合をかけたものが支払われています。
>
> ある時、依頼主から「全員の給料を大幅に減らす」と何の相談もなく告げられました。これには不満がありますので、皆で組合を作って交渉をしようと思っています。これは可能でしょうか？

　法律を見ると、労働組合法上の労働者とは、職業の種類を問わず、「賃金、給料その他これに準ずる収入によって生活する者」と書かれています。労働基準法上の労働者とは書き方が違っていますね。

　労働基準法上の労働者とは、①使用されているかどうかという点

が問われないこと、②支払われているお金について、厳密な意味で賃金であるとまではいえなくともよく、賃金などに準ずる収入によって生活していれば足りるとされていることの2点において異なっており、労働組合法上の労働者よりも緩やかに労働者性が認められています。

2　労働者性の判断要素

（1）労働組合法の趣旨

　労働基準法との要件の違いは、法律の趣旨が異なるところから生まれています。労働組合法が労働組合を保護する趣旨は、社会的経済的に弱い立場にある労働者が、使用者との交渉において対等の立場に立つことを促進することにより、労働者の地位を向上させることにあります。そのため、労働組合として保護を受けるためには、広い意味での経済的従属性さえあればよく、労働基準法の考え方のように、指揮命令下での労働を強いられていることまでは必要ないと考えられているのです。

（2）労働者性の判断要素

　裁判所は、（1）の趣旨を踏まえ、次のような枠組みで判断を行っています。

労働組合法上の労働者かどうかの判断要素

① 労働者が事業組織に組み入れられているか

② 契約内容が使用者により一方的に決定されているか

③ 報酬が労務の対価（賃金に準ずる収入）としての性格を持つ
　か

---（↓以下は補充的に考慮）--------------------------------

④ 業務の依頼に応じるべき関係があるといえるかどうか

⑤ 指揮命令関係の存在（時間や場所の拘束等の有無）

⑥ 独立した経営判断によって業務内容を差配し、収益管理を
　行っているといえるかどうか（事業者性の有無）

　これらを判断するにあたっても、客観的な事実や労働の実態が重視されることになります。

（3）労働組合法上の労働者の例

　これまでの裁判例では、オペラの合唱団員、カスタマーエンジニア、バイク便ライダー、トラックを自前で用意して配送業務を担当していた運転手、プロ野球選手などについても、幅広く労働組合法上の労働者であると認められています。

　プロ野球選手によって組織された労働組合である日本プロ野球選手会は、日本野球機構（NPB）に対して団体交渉権を有しており、定期的にプロ野球選手の処遇をめぐる様々な問題について話し合いをしていますが、これはプロ野球選手が労働組合法上の労働者であると認められているために実現できているのです。

3　労働組合法上の労働者が認められる意義

　労働基準法上の労働者とは認められないような働き方をしている方が、働く中でトラブルに遭った場合、労働基準法の保護を受けることはできません。対等な当事者同士に適用されると考えられている民法という法律や、一定の場合に下請法や独占禁止法等の保護を受けることができるにとどまります。これらは労働法よりも効力が弱いのが実情です。

　ただし、労働組合法上の労働者であると認められている例の中には、労働基準法上の労働者であるとはいえないものが多く含まれています。労働基準法上の労働者であるとはいえなくても、労働組合を結成して交渉を進めていくことができる可能性は大いにあるのです。自分たちの力だけで組合の結成ができない場合には、外部の組合の力を借りて組合を結成したり、外部の組合に加入したりすることで、交渉を行うこともできます。現に、そのような方法で大きな成果を上げているフリーランスの方々による紛争の事例はいくつも存在します。

　フリーランスの働き方が広がっていく中で、労働組合の社会的役割がますます重要になってきています。皆さんが頼りにする場面も増えるのではないかと思いますので、よく押さえておきましょう。

第2章

働くときのルール

I 法律が定めるルール

1 様々な法律から成る労働法

Q3 働くことに関係するルールとしては、どのようなものがありますか？　また、そのルールに優劣はあるのでしょうか？

　働くことに関係するルールには、法律、労働協約、就業規則、個別の労働契約とたくさんあります。それぞれに、どのような内容が書かれているのでしょうか。

　労働法という法律はなく、労働基準法や労働契約法をはじめとする様々な法律によって働くルールは成り立っています。ここでは、それぞれの分野ごとに、どのようなルールがあるのか、その概要を見ていきます。なお、ここで説明する法律のルールは、これに反してはならないという意味で、法的には強行法規と呼ばれます。

2　分野ごとの主なルール

（1）差別禁止、ハラスメント防止

　当然ですが、労働者の国籍、信条、社会的身分、性別を理由とした差別は許されません。

　性別を理由とした差別をしてはいけないことについては、男女雇用機会均等法という法律で詳しいルールが定められています。この法律には、事業主はセクシュアルハラスメント（セクハラ）を防止しなければならないとも定められています。

　また、パワーハラスメント（パワハラ）の防止については、労働施策総合推進法という法律で定められています。この法律で防止するよう求められているハラスメントの中には、性自認や性的指向を理由とするハラスメント（SOGIハラ）も含まれています。

　そのほか、障害者雇用促進法で、障害者への差別禁止や求められる配慮の内容について定められています。

　　☞ハラスメントについての詳細は第5章へ

（2）賃　　金

　賃金に関するルールとしては、労働基準法で、原則月1回以上、現金で直接給料全額を支払わなければならないことや、使用者の都合で仕事が休みになった場合には賃金の6割を支給しなければならない（休業手当といいます）ことなどが定められています。

　このほか、最低賃金法という法律によって、時給として最低いくら以上の賃金を支払わなければならないという最低賃金についての

ルールが定められています。
　　　☞**賃金についての詳細は第３章Ⅰ〜Ⅵへ**

（3）労働時間

　労働者が働く時間（労働時間）は、労働基準法によって定められています。労働時間は、１日８時間・週40時間が原則です。これを超えて残業させる場合には、労働者の代表と使用者との間で、どういうときにどれくらい残業させられるかを定める協定（36協定<ruby>サブロク</ruby>といいます）を結ばなければなりません。そして、使用者は労働者に残業をさせた場合には、残業代を支払わなければなりません。残業時間は、原則として月45時間・年360時間以内に抑えなければなりません。

　労働時間の計算方法の例外として、週単位ではなく月・年単位で労働時間を計算する変形労働時間制や、実際の労働時間に関係なく一定の時間を働いたとみなす、みなし労働時間制といった制度もあります。もっとも、これらの制度は無制限に導入できるわけではなく、導入するためには一定の条件を満たすことが必要となります。
　　　☞**残業代についての詳細は第３章Ⅷへ**

（4）休憩・休日

　休憩・休日についてのルールも、労働基準法によって定められています。休日は、１週間に１日以上設けなければなりません。そして休憩は、６時間を超えて働いたら45分以上、８時間を超えて働いたら１時間以上取らせなければなりません。
　このほか、労働基準法には、給料をもらいながら休むことができ

る年次有給休暇の制度も定められています。一般的には、有給休暇、有休とも呼ばれます。どのような理由で使うのも自由で、いつ使うかも基本的には労働者が決定することができます。年次有給休暇は毎年付与され、勤続期間によって付与される日数が変動します。

（5）怪我や病気の予防と補償

　労働者の生命と健康を守るためのルールについて定めた、労働安全衛生法という法律があります。例えば、機械の使い方や高所で作業する場合の決まり、危険物の取扱方法、労働者に定期的な健康診断を受けさせなければならないことなどが定められています。

　また、労働者が業務によって怪我をしたり病気になってしまった場合には、労災保険法という法律によって、各種補償を受けることができます。

　　☞**労働災害についての詳細は第5章Ⅱへ**

（6）ワークライフバランス

　女性労働者の出産を支援するため、労働基準法によって、産前産後休業の取得や負担の軽い業務への転換が認められています。また、労働者の仕事と育児・介護との両立を支援するため、育児・介護休業法という法律で、育児休業や介護休業などの両立支援制度が定められています。

（7）労働契約の終了

　解雇（いわゆるクビ）は、正当な理由がなければすることができ

ません。また、期間の定めのある契約であっても、期間終了により当然に契約終了とすることはできず、一定の制限を受けることがあります。

　　☞**解雇についての詳細は第6章へ**

（8）皆で団結して交渉する

　労働者が皆で団結して労働組合を作り、使用者と交渉することができます。これを団体交渉といいます。このとき、使用者は、労働組合との交渉を拒否することはできません。また、団体交渉により、使用者から納得のいく返事がもらえない場合には、労働者皆で仕事を放棄することができます。これをストライキといいます。このような労働組合に関するルールは、労働組合法という法律で定められています。

　　☞**労働組合についての詳細は第8章へ**

Ⅱ 労働協約、就業規則、労働契約で定めるルール

1 労働協約で定めるルール

　労働協約は、労働組合と使用者が締結するものです。その中には、労働者の労働条件に関するルールが含まれていることがあります。労働協約によって、法律のルールよりも有利な労働条件を定めることもできます。労働組合に入っている場合や、職場に労働者のほとんどが入っている大きい労働組合がある場合などには、労働協約も確認してみましょう。

2 就業規則で定めるルール

（1）就業規則についての義務

　職場のルールが書かれているものとして、一般的に思い浮かべられるのは、就業規則であることが多いでしょう。就業規則には、始業・終業時刻、休憩時間、休日・休暇、賃金、退職に関すること、解雇となる条件、広く労働条件や職場に関するルールが定められています。普段から10人以上の労働者が働いている会社では、就業規則を必ず作成しなければなりません。また、ほぼすべての労働条

件について記載しなければならないとされているため、かなり多くの職場が作成しており、日々活用されています。

　また、就業規則を作成・変更する場合には、職場の労働者の過半数が加入する労働組合（それがないときには労働者の過半数の信任を受けた代表者）の意見を付けて、労働基準監督署に届け出なければなりません。そのうえで、使用者は労働者に対し、就業規則の内容を周知しなければなりません。

（2）〇〇規程も法的には就業規則

　就業規則のほかに、会社によっては、分野や目的ごとにルールを定めることがあります。こうしたルールのまとまりを規程と呼ぶことがあります。例えば、賃金について定める給与規程、ハラスメント対策について定めるハラスメント防止規程といった具合です。就業規則に書ききれない細かいルールについて補足する内容にすることが多いです。名称にかかわらず、こうした規程も法的には就業規則ということになり、職場における最低限のルールとして機能します。

3　労働契約で定めるルール

　入社時に作成する契約書や労働条件通知書といった書面には、契約期間、就業場所・業務内容とその変更の範囲、始業・終業時刻、残業の有無、休憩時間、休日・休暇、賃金、退職に関すること、解雇となる条件など、使用者とその労働者個人との個別の契約内容が書かれています。就業規則にはすべての労働者に適用される一般的

なルールが書かれているだけなのに対し、個別の労働契約の中には個々の事情に合わせた労働条件が書かれています。例えば、あるスーパーに雇われたAさんの労働条件通知書では、「〇年4月1日から□年3月31日まで1年間、毎週月・水・土曜の10〜15時まで、時給1300円でレジ打ち・商品補充の仕事をすること。休憩時間は30分。勤務場所は△支店…」といった具合です。

Ⅲ　ルールの優先順位

■　ルールには優先順位がある

　本章で見てきたとおり、働くルールは、法律（強行法規）、労働協約、就業規則、労働契約によって定められています。基本的に、この順番どおりの優先順位ということになります。

　労働協約、就業規則、労働契約には、法律とは別に各職場でのルールが書かれているわけですが、法律に違反する内容を定めることは許されません。最も強力なルールは、強行法規である労働法であるからです。

　次に強い効力を持つのは、労働協約です。法律上手厚く保護された労働組合と使用者との間で決められたルールであるため、法律に次いで強い効力が認められています。しかし、労働組合がない職場も多く、労働協約が存在しない場合もたくさんあります。

　その次に位置するのが就業規則です。就業規則に定められた労働条件は、その職場の最低基準であって、これを下回る労働契約の部分は無効とされていますので、極めて重要なものです。

　一番効力が劣るのが、使用者と労働者との間の個別契約（労働契約）です。仮に個別契約で、労働協約や就業規則よりも労働者側に不利な内容が定められていた場合には、労働協約や就業規則で定められている内容が契約の内容ということになります。個々の労働者

には交渉力がないため、個別に不利な条件が押し付けられてしまうことがないようにされているのです。

　以上をまとめると、図表1のようになります。働く中でトラブルが起きた場合には、それぞれのルールの内容と、その優先順位を確認することが重要です。

◆図表1　ルールの優先順位

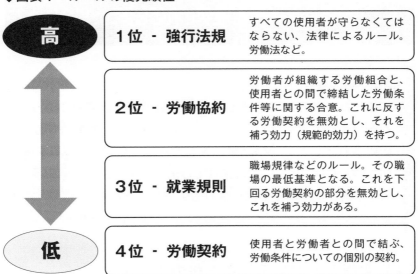

高	**1位 - 強行法規**	すべての使用者が守らなくてはならない、法律によるルール。労働法など。
	2位 - 労働協約	労働者が組織する労働組合と、使用者との間で締結した労働条件等に関する合意。これに反する労働契約を無効とし、それを補う効力（規範的効力）を持つ。
	3位 - 就業規則	職場規律などのルール。その職場の最低基準となる。これを下回る労働契約の部分を無効とし、これを補う効力がある。
低	**4位 - 労働契約**	使用者と労働者との間で結ぶ、労働条件についての個別の契約。

Ⅳ　労働条件の一方的な変更

1　労働条件を一方的に変更されてしまった場合には？

Q4　私の会社では、年次有給休暇が年間 30 日与えられていました。ですが、先日社長が交代し、「休み過ぎだ！もっと働け！」と言い出し、そのような理由から、就業規則が変更されました。その結果、来年からは、年次有給休暇が年間 20 日に減らされてしまいます。このような就業規則の変更は許されるのでしょうか？

（1）労働条件を変更するときのルール

　労働者と使用者は法的には対等な関係ですから、労働条件は、労働者と使用者とが話し合いをし、合意することによって決定するのが原則です。

　しかしながら、必ず話し合いによる合意が必要ということになると、合意できた人と合意できない人とで労働条件がバラバラになってしまい、不公平感が生まれてしまいます。そのため、職場の労働者全体の労働条件を統一して管理する必要性から、例外的に、使用

者が労働者全員とは合意できなかったとしても、就業規則を変更することによって、労働条件を労働者にとって不利な方向に変更（不利益変更といいます）できる場合もあるとされています。

　もっとも、労働条件を一方的に変更してしまうのですから、次のような厳しい条件をクリアすることが必要です。

①　変更後の就業規則の周知

　具体的には、まず、労働者が、変更後の就業規則の内容を知ろうと思えば知ることができる状態にすること（周知といいます）が必要です。労働者が実際に知っていることまでは必要とされませんが、労働者に変更があったことを知らせなかったり、労働者が希望しても就業規則を見ることができなかったりする場合には、この条件を満たさないことになります。

②　変更後の就業規則の合理性

　次に、変更後の就業規則が合意的なものであることも必要です。合理的なものといえるかどうかを判断する際には、変更の必要があるかどうか、労働者が受けることになる不利益がどの程度のものか、変更後の内容が相当なものといえるかどうか、労働者側との交渉を尽くしているかどうかといった点が考慮されます。特に、賃金や退職金などの重要な労働条件を変更する場合には、労働者にそのような不利益を強要してもやむを得ないといえるほどの変更の必要があるといえなければなりません。裁判例では、人件費削減のため、55歳以上の労働者の年収を4〜5割削減する一方で、一定期間削減の幅を小さくするといった不利益を和らげる措置がとられていないという就業規則の変更は、合理的であるとはいえないとして、認められませんでした。

（2）変更の合理性や不利益の程度を考える

　Ｑ4では、変更後の就業規則の内容は知らされていますので、①の条件はクリアしています。したがって、問題となるのは②の条件です。

　変更内容は、年次有給休暇を10日分減らすというものです。年次有給休暇は、労働者が給料をもらいながら休むことができる制度です。一般的には、有給休暇、有休とも呼ばれます。どのような理由で使うのも自由で、いつ使うかも基本的には労働者が決定することができます。年間20日というのは、6年6か月以上継続して勤務している労働者にとっては、法律で定められた最低水準です。そうすると、労働者の受ける不利益の程度は一定程度あるといえます。したがって、Ｑ4のように変更理由が抽象的なものにとどまり、具体的な必要性がなく、十分な説明もなされていないような場合には、②の条件を満たしておらず、就業規則変更は無効となる可能性があります。

2　労働条件の変更を受け入れてしまった場合には？

Q5　勤務先のワンマン社長から、「コロナ禍で業績が落ちたから賃金を50％切り下げる。合意書にサインしろ」と言われ、言われるがままサインしてしまいました。サインをした後では、どうにもならないでしょうか？

　Q4とは異なり、合意書にサインするなどして、労働条件の不利益変更を受け入れてしまった場合は、どうなるのでしょうか。

　本節1（1）で説明したとおり、労働条件は、話し合いによる合意によって決定するのが原則です。このことからすれば、労働者が受け入れてしまった場合には、たとえそれが労働者にとって不利益な内容であったとしても、有効となってしまいそうです。

　しかし、労働者は使用者から強く言われればこれを断ることは難しいですし、また、労働者側には会社の経営事情などの情報も経営者側と比べて少なく、変更内容についても正しく理解することが難しいのが現実です。

　そのため、これまでの裁判例では、賃金や退職金などの重要な労働条件を変更する場合には、形式的に労働者が変更を受け入れるような行動をしてしまっていたとしても、厳しい条件をクリアしない限り、労働者が労働条件変更に法的に有効な形で合意したとは認められていません。

　具体的には、労働者が受ける不利益の内容・程度、労働者が受け入れるような行動をしてしまった経緯や態様、それに先立つ使用者から労働者への情報提供・説明の内容等に照らして、その行動が労働者の真意に基づく（自由な意思に基づくものと認めるに足りる合理的理由が客観的に存在する）と認められることが必要とされています。

　Q5では、賃金という重要な労働条件について、50％という大幅な不利益変更を行おうとしています。そのため、このような変更を正当化するためには、十分な説明・情報提供が必要となるといえます。そうすると、Q5のように、コロナ禍で業績が落ちたと伝えるにとどまり、具体的な説明がなされていない場合には、労働者の合意があったとは認められない可能性があります。

　大前提として、労働条件の不利益変更には安易に応じないことが重要ですが、仮に応じてしまったとしても、これまで説明してきたとおり、真意に基づくといえるような状況があるか、法的には慎重に判断されることになります。

3　異動を命じられた場合には？

Q6　私は現在、ある会社の横浜支店で働いています。先日、上司に「来月から北海道支店へ異動してほしい」と言われてしまいました。子どもはまだ幼稚園児で、家族で引っ越すのは難しく、単身赴任するしかありません。異動を断ることはできないのでしょうか？

　皆さんが仕事を選ぶときには、給料と並んで、どの場所で働くか、どのような仕事内容をするのかといった条件も確認すると思います。本章Ⅱで説明したとおり、就業場所、業務内容といった重要な労働条件も、就業規則や労働契約書で定められています。

　もっとも、就業場所や業務内容はずっと同じとは限りません。就業場所を変更する転勤や、業務内容を変更する配置転換などが行われることがあります。

　しかし、就業場所や業務内容といった重要な労働条件を変更する異動についても、法律上のルールがあり、しっかりとこれらが守られているか確認することが必要です。

（1）異動の種類

　一般に、異動といわれるものの中には、①今の会社の中で、就業場所や業務内容を変更する「配転」、②今の会社との契約は残しつつ、別の会社で働く「出向」、③今の会社との契約を終了させて、別の会社と新たに契約して別の会社で働く「転籍」の３種類があります。

（2）それぞれの条件

①　配　　転

　労働者に長く働いてもらうことを前提とした日本企業においては、どこで働くかということについて、特に限定のない契約が主流であり、労働者のスキルアップや雇用の維持などのため、昔から広く配転が行われてきました。

　しかし、特に転居を伴う配転の場合には、労働者の私生活に与える影響が大きく、無制限に行うことはできません。

　具体的には、使用者が労働者に対し、配転命令を行うためには、まず、就業規則や個別の契約書などに配転を命じることができるとの規定があることが必要です。また就業規則に規定があったとしても、個別の労働契約で業務内容や就業場所を限定している場合には、配転を命じることはできません。

　次に、業務上の必要性がない場合、嫌がらせなど不当な動機目的に基づく場合、労働者に通常受け入れられないような著しい不利益を負わせる場合など特別の事情がある場合には、配転命令権を悪用しているとして違法とされています。

　このうち、「著しい不利益」があると認められるためのハードルは高く、現状、単身赴任となるというだけではこれにはあたらない

とされています。もっとも、育児・介護休業法では、配転すると育児や介護が困難となってしまう労働者に対しては、その育児や介護の状況に配慮しなければならないとされています。裁判例でも、病気の家族を介護・看護することができない場合などには、著しい不利益にあたるとされています。

　近年では、遠くへの配転には応じられない事情があったとしても優秀な労働者を雇いたいという考えのもと、就業場所を特定の地域に限定するような契約（限定正社員などと呼ばれます）を採用する会社も増えてきています。

②　出　　　向

　出向は、別の会社で働くことになるという点で、配転よりも労働者への影響が大きくなります。そのため、出向を命じるためには、原則として、労働者本人がその出向に同意している必要があります。もっとも、労働者の不利益を防止する制度・措置が十分整えられているような場合には、例外的に本人同意は不要とされています。この場合にも、配転と同様、会社が出向命令権を悪用したといえるときには、出向命令は違法無効となります。

③　転　　　籍

　転籍は、今の会社との契約を終了させて、新たに別の会社に入社するわけですから、労働者がその転籍に同意していることが必要です。

　一口に異動といっても、その内容によって、異なる条件をクリアする必要がありますので、異動の内容や異動先での労働条件等をしっかり確認することが重要です。

第3章

賃金・労働時間
に関する法律

Ⅰ 賃 金

■ 賃金とは

Q7 学校を卒業して会社に入り、初めての給料日を迎えました。給料明細を見ると、約束されていた基本給から「研修費用」という名目で5万円が引かれていました。

取締役に質問すると、「新入社員は戦力にならないから、会社で教育してやっている。その分を引いて何が悪い」と言われてしまいました。諦めるしかないのでしょうか？

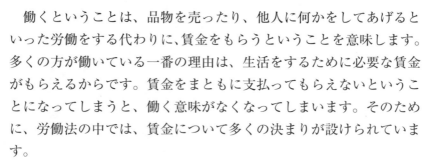

　働くということは、品物を売ったり、他人に何かをしてあげるといった労働をする代わりに、賃金をもらうということを意味します。多くの方が働いている一番の理由は、生活をするために必要な賃金がもらえるからです。賃金をまともに支払ってもらえないということになってしまうと、働く意味がなくなってしまいます。そのために、労働法の中では、賃金について多くの決まりが設けられています。

　ただ、そもそも賃金とは何でしょうか？　仕事をする中で、入っ

てくるお金はすべて賃金なのでしょうか？

　労働基準法等の規制を受ける賃金とは、①使用者が労働者に支払うもので、②労働の対価であるものとされています。

（1）使用者が労働者に支払うもの

　まず、「使用者が」労働者に支払うもの（①）とされていますから、従業員がお客さんから直接もらうチップや、取引先からもらった御車代のようなものは、お金ではあるものの、賃金にはあたらないということになります。お客さんからチップをもらえるのだから、うちは賃金を払わないよ、という言い逃れを許していたら、安心して働くことができなくなってしまいます。

（2）労働の対価であるもの

　次に、賃金は「労働の対価」にあたるもの（②）とされています。例えば、多くの会社では社員に対し、会社の運動施設を自由に使えるようにするなどといった福利厚生を整えていたり、業務に必要な制服を貸与したりしています。これらは、働いた分の対価としてではなく、あくまでも休日にリフレッシュしてもらう代わりに平日は仕事に集中してもらうといった目的や、仕事に必要な物品だからといった理由で特別に会社が費用を負担しているわけで、賃金の代わりになるものではありません。そのため、福利厚生等があるからといって、賃金を払わなくてよいという理由にはなり得ません。

Ⅱ　賃金に関するルール

1　支払い方に関するルール

　賃金の支払い方については、厳格な4つのルールがあります。

①　通貨払いの原則

　1つ目が、通貨払いの原則です。お金以外のもの（現物や小切手等）で賃金を支払うことは禁止されています。労働者にとって最も安全で便利な手段なのが、通貨で賃金を受け取ることだからです。

②　直接払いの原則

　2つ目が、直接払いの原則です。法律に基づく差押えを受けた場合を除き、賃金は労働者に対して直接支払われなければなりません。戦前の日本でも見られたような、親方や仲介人、代理人等による第三者からの中間搾取（ピンハネ）を防止するためです。

③　直接払いの原則

　3つ目が、直接払いの原則です。使用者は労働者に対し、賃金の全額を支払わなければなりません。賃金が全額支払われなければ、労働者が生活に困ってしまうことになるからです。そのため、罰金などと称して一部の支払いを怠ったり、翌月にきちんと払うからな

どと言って決められた賃金を支払わないことは違法です。

④　毎月１回以上、一定期日払いの原則

　４つ目が、毎月１回以上、一定期日払いの原則です。これは、賃金を毎月１回以上一定の期日を定めて支払わなければならないとするものです。毎月一定期日の支払いを保障することによって、労働者の生活が安定することになるためです。ただし、臨時に支払われる賃金（賞与・ボーナスなど）については、例外的に毎月支払うということでなくても違法ではないとされています。

　この中で、特に重要なのが全額払いの原則です。使用者と労働者の間の契約（労働契約）の中で決められた賃金は、そのとおり毎月支払われなければなりません。契約の中でいったん決められた賃金については、原則として一方的に金額を減らすことはできないということを押さえておきましょう。そのため、Ｑ７のように、研修費用だということで賃金から差し引くことは許されません。

2　契約内容の明示に関するルール

　賃金に関するルールを守らせるためには、契約内容を書面で明示させておくことが重要です。そのために、労働基準法では、使用者が契約内容を書面等で明示しなければならないという義務を定めています。

　契約内容を書面で明らかにしてほしいと求めても、契約書が取り交わされないような場合には、会社の最寄りの労働基準監督署に指導を求めることが可能です。

3　金額に関するルール

　賃金の金額は、契約の中で自由に決められるのですが、生活ができないほどに安い場合には問題です。

　そこで、政府は毎年10月、都道府県ごとに地域別の1時間当たりの最低賃金額を決定し、その金額以上の賃金額を支払うよう、最低賃金法という法律で定めています。政府は、それぞれの地域でかかる生計費や賃金額の状況、使用者の賃金支払能力等を勘案して、最低賃金額を決定しています。

　最低賃金額を守らなかった者には、差額分を支払う義務が生じるほか、罰金刑も定められています。

Ⅲ　賃金の減額

1　賃金の減額が認められる場合とは

　契約の中でいったん決められた賃金については、一方的に金額を減らすことはできないのが原則です。そのため、賃金の減額が有効だと認められるためには、厳しいハードルが設けられています。

　よくあるのが、「賃金額に見合った能力がないから金額を引き下げる」というものです。このような減給を有効に行うためには、①能力や成果の評価の方法とそれに基づく賃金の決め方が契約の内容として明確になっており、かつ、②評価と賃金額の決定が適正に行われたといえることが必要です。

　特に問題になるのが①です。大企業を含め、賃金を減らす場合のルールは明確になっていないことが多く、不透明な形で減額が行われていることがあります。その場合には、契約のルールに基づかずに違法な減額を行っているとして、差額分を請求できることになります。

2　賃金の減額に同意している場合

　では、使用者が賃金の減額を行うことについて、労働者自身が同意してしまっている場合はどうでしょうか。

　繰り返しになりますが、多くの方が働いている一番の理由は、生活をするために必要な賃金がもらえるからです。それにもかかわらず、契約の中で金額が決まっているはずの賃金を払わなくてよい、あるいは減らしてもよいというのは、労働者にとっての自殺行為といっても過言ではなく、通常の状況では考えられません。脅しをかけられたとか、無理やり同意するよう迫られたといった状況があった可能性が高いわけです。

　そのため、第２章でご紹介したとおり、裁判所は、仮に労働者側からの同意があったとしても、簡単にはその同意が有効であるとは判断しません。労働者の自由意思に基づく同意があったと認めるに足りる合理的な理由が客観的に見て存在することが、使用者によって証明された場合でない限り、同意は無効（なかったもの）と判断しているのです。

　仮に皆さんが、賃金を払わないことへの同意を求められたら、安易に応じてはいけません。すぐに拒否することが難しい場合には、返答をすることなく、いったんその場を立ち去り、専門家と相談するようにしましょう。

Ⅳ 賃金が支払われないとき

1 消滅時効に注意

　これまで説明をしてきたルールが守られず、きちんと賃金が支払われていないという場合には、本来払われるべき賃金との差額分を支払うよう、請求することができます。

　しかし、請求できるからといって、いつまでも放っておいていいわけではありません。賃金には時効が定められており、賃金の請求ができるとき（通常は給料日）から一定期間内に請求しないと、時効によって権利が消えていってしまいます。

　現在の法律では時効が３年とされていますが、2025 年以降、５年に延びる可能性があります。

2 使用者が倒産や廃業をしてしまった場合には？

　使用者が事業を続けているにもかかわらず、賃金を支払わない場合には、時効に注意しながら請求をすればよいだけですが、使用者が倒産した場合や、倒産はしていないが廃業してしまった場合には、賃金を回収することが難しくなってしまいます。

　その場合、経営者自身が破産をしていなければ、経営者に対し、

損害賠償請求を行うことができる場合があります。

　また、未払賃金の立替払制度を利用することで、政府から一部の賃金の立替払いを受けることができます。このとき、使用者が破産をしておらず、事実上廃業しているにとどまる場合には、勤務先を管轄している最寄りの労働基準監督署の署長から、認定を受ける必要があります。

Ⅴ 賞　与

1　賞与（ボーナス）とは

　日本の会社では、通常の賃金に加えて、夏と冬の年2回、賞与が支払われるところが多くあります。賞与の金額は、基本給の金額に支給率（何か月分など）を掛けることで計算することが多いですが、出勤率や人事評価の結果、企業の業績等を反映している会社も多くあります。そのため、賞与は賃金の後払いとしての性格だけでなく、これまで頑張って働いてくれたことや将来も働き続けてくれることに対するご褒美（功労報償、勤労奨励）としての性格であったり、会社の収益を分ける（収益分配）性格を持つこともあります。

　このように、賞与は通常の賃金とは性格が異なるため、必ずしも定額を支払わなければならないというものではない場合が多くあります。そのため、仮に支払われなかったとしても、賞与を請求するためにはいくつかのハードルがあります。

2　賞与請求のハードル

（1）基準を明確にしておく

　まず、金額が明確に決められていない場合が多いというハードルがあります。基本給の何か月分などという基準が明確にあれば、その基準に従った金額を請求することができるわけですが、具体的な基準が契約に定められていない場合には、いくら請求できるかが不明である以上、賞与の請求はできないと裁判では判断されてしまいます。このようなトラブルを避けるためには、賞与の基準を明確にしておく必要があります。

（2）在籍していないともらえない可能性も

　次に、支給日に在籍していないと、賞与がもらえなくなる可能性があります。例えば、賞与を支払う要件として、支給日に在籍していることを条件とし、支給日より１日でも早く退職してしまっていれば、一切賞与を支払わないとしている会社があります。

　将来も働き続けてくれることに対する報償として賞与が支払われているということであれば、このような取扱いは問題ないといえましょう。しかし、賃金の後払いや頑張って働いてくれたことに対する報償として賞与が支払われているような場合には、まったく賞与を支給しないという取扱いはおかしいということになります。

　その会社の賞与がどのような性格なのかについては、賞与がどのような基準によって計算されているかと深く関わりますので（例えば、単に基本給の何か月分とだけ定めているような場合には、賃金

の後払い的性格が強いものと思われます）、やはり基準を明確にさせておく必要があるといえるでしょう。

コラム①

つながらない権利

これまでの伝統的な日本の働き方においては、際限なく残業をするのは当たり前であり、時間外の業務連絡には当然に応じなければならないと考えられてきました。日本では、職場の中での一人ひとりの役割があいまいな場合が多く、特定の社員に業務負担が偏ってしまうということも少なくありません。そのような立場にある方であればなおさら、いつでもどこにいても、業務連絡に応じなければ仕事が回らないという状況になってしまいます。

このような職場環境の中で、過労死の悲劇が繰り返されてきました。私たちの経験でも、本社からの指示を受けながら出先で様々な対応を行っている最中、突然死されたという方は非常に多いです。

コロナ禍をきっかけとしてテレワークの導入が各職場で進み、チャットツールによる業務連絡が頻繁に行われる中で、私生活と仕事との境界があいまいになり、終業後や休日にも業務連絡が続いて困っているという相談はますます増えています。

このような事例は、日本と同じく海外でも問題になっています。これに対し、フランスでは2017年、業務時間外に

勤務先から業務連絡があったとしてもこれを拒否できる権利＝つながらない権利を定めた法制定がなされました。その後、立法化の動きはカナダ、イギリス、イタリア、ニューヨークなど世界の各国・各都市に広がっています。2021年1月のEU議会では、つながらない権利の法制化を求める決議が行われ、注目を集めました。滅私奉公的な働き方が根強く残る日本では、業務時間外の連絡は無視すればよいと個人の選択に委ねるのではなく、きちんと権利として法律に明記する必要性はとても高いはずです。

　日本では残念ながら、法制化の動きにまでは至っていません。しかし、企業の中にはすでに、深夜時間帯には会社のシステムにアクセスできないようにするなど、長時間労働につながらないようにさせる取組みが始まっています。

　この問題は、実は会社の経営のあり方に深く関わっています。特定の従業員しか重要業務の対応ができないという体制になってしまっているからこそ、業務時間外の連絡が相次いでしまうのです。そのような会社において、その従業員の方が万が一退職してしまったり、健康を害してしまったら、その会社は大混乱に陥ります。そうではなく、誰もがカバーできる体制にしておけば、顧客対応の質も上がることになるはずです。つながらない権利を導入することは、会社側にとってもメリットがあるのです。

Ⅵ　退職金

1　退職金とは

> **Q8**　私は運送会社に入社し、毎日たくさんの荷物を運ぶ
> ように指示され、長年 1 日 10 時間以上も運転をしてきま
> した。このような長時間の勤務が続いたところ、あまりに
> も疲れがたまって、運転中についウトウトしてしまい、事
> 故を起こしてしまいました。
>
> 　社長からは、「お前は懲戒解雇だ、ルールだか
> ら退職金も没収だ」と言われてしまいました。ど
> うしようもないのでしょうか？

　日本では、同じ会社で長く働く慣行があることなどから、退職す
る際にまとまったお金を支給する退職金制度が多くの会社で導入さ
れています。

　退職金の性格も、賞与と同様に様々ですが、一般的には賃金の後
払い的性格と功労報償的性格の両方があると考えられています。そ
のため、同じ年数分勤務をしていても、退職の理由が何であるか（自
己都合なのか、会社都合なのか等）によって、金額を変える会社が

多くあります。

2　退職金の不支給

　たびたび問題になるのは、社内で問題を起こして解雇となった場合に、退職金を一切支払わないという取扱いが許されるか、ということです。

　多くの会社では、社内の処分の中で最も重い処分である懲戒解雇となった社員に対し、ペナルティーとして退職金を支給しない、というルールを定めています。しかし、第６章でご紹介するとおり、懲戒解雇を法律上有効とさせることは非常にハードルが高いとされており、よほど悪質な問題を起こしたということでなければ、懲戒解雇が有効になることはありません。

　仮に懲戒解雇が有効であったとしても、過去の功績が一切なくなってしまったといえるような大問題を起こしていなければ、退職金を全額不支給とすることは許されません。したがって、Ｑ８でも、事故の程度にもよるでしょうが、会社にもかなりの非があるといえる以上、懲戒解雇や退職金全額不支給の措置をとることは、法律上難しいでしょう。

Ⅶ　労働時間、休憩時間

1　労働時間とは

Q9　私の会社では、始業時間の 30 分前に来て、制服への着替えと会議室の掃除をするように社長から言われています。ただの準備であって、仕事そのものではないという説明をされ、その分の給料はもらえません。

また、休憩とされている時間にもたくさん電話がかかってくるため、対応しなければなりませんが、勝手に仕事をしているだけだと言われ、やはりその分の給料を払ってくれません。社長の説明は、本当に正しいのでしょうか？

　法律上、労働時間とは、労働者が使用者の指揮命令下に置かれていると客観的に評価できる時間のことをいいます。そのため、業務に必要な準備（制服への着替え、清掃等）をしている時間や、レジの前でお客さんが来るのを待っている時間（手待ち時間）なども、労働時間にあたることになります。いちいち使用者から命令されて仕事をしていたという事情は必要ありません。使用者が黙認してい

る中で、業務に必要なことをしているのであれば、それは労働時間にあたることになります。

　労働時間の原則は、１日８時間・週40時間以内とされています。ただし、事業所で働く労働者の過半数の代表者と使用者との間で、どういうときにどれくらい残業させられるかを定める協定（「36協定」といいます）を結び、労働基準監督署に届け出た場合には、１日８時間・週40時間を超えて残業させることができます。

2　休憩時間とは

　使用者は、労働者の１日の労働時間が６時間〜８時間の場合には45分、８時間を超える場合には１時間の休憩を与えなければなりません。

　法律上、休憩時間とは、労働からの解放が保障された時間のことをいいます。つまり、労働者が自由に利用できる時間でなければ、休憩時間とはいえません。Ｑ９のように、休憩とはいいつつ、実際には電話対応をしなければならない状況に置かせていたということであれば、休憩を取らせたとはいえません。

Ⅷ 残業代

1 残業代とは

Q10 入社したばかりの会社で、「君たち新入社員は皆、管理職だ。一人残らずノルマを達成しなさい」と言われました。ノルマを達成するために皆が長時間働いていますが、労働時間がどんなに長くなっても、もらえる給料の額は変わりません。社長からは「管理職だから残業代が出ないのは当たり前だ」と説明されています。そういうものなのでしょうか？

　使用者が労働者に時間外労働や休日労働をさせた場合、その時間数に応じて、通常の賃金に法律で定められた割増率を上乗せした賃金を支払わなければなりません。これが残業代です。

　通常の賃金に法律で定められた割増率が上乗せされている理由は、長時間労働をさせないようにするためです。残業代を払わなければならないくらいであれば、働き方改革を進め、一人ひとりの業務量を減らしたほうがよいと使用者に思わせるために、割増分を上乗せさせているのです。

　法律に違反して残業代を支払わなかった場合、未払残業代に加え、付加金という制裁金を労働者に支払わなければなりませんし、悪質な場合には刑事罰が加えられることになっています。

　なお、残業代にも時効があり、期間は賃金の場合と同じ（47 ページ）ですので要注意です。

2　固定残業代に注意

　残業代の支払方法として最近よく見られるのは、基本給の中に残業代を組み込んだり、固定残業手当としてあらかじめ残業代を手当の形で支払ってしまうというやり方です。残業代をいちいち計算しなくてよいうえ、人件費の節約にもつながり得るということで、流行しているようです。

　しかし、このような支払い方が常に適法かというと、そうではありません。

　裁判所は、次の①と②の両方を満たしていなければ、残業代の支払義務を定めた法律に違反しており、残業代の支払方法として有効ではないと判断しています。

残業代の適切な支払方法の要件

① 　通常の賃金部分と残業代の部分とが明確に区分されていること
② 　残業代の部分が実質的に見て残業代として支払われたものと見ることができること
※①②両方を満たすことが必要

つまり、基本給の中に残業代を組み込んで支払っており、それぞ

れの金額が区別できないような場合には、明確に区分されていると
はいえず（①）、残業代の支払方法としては無効です。また、区別
された手当として支払われていても、手当の名称が残業代とはまっ
たく異なっていたり（「能力手当」「歩合手当」など）、適切な説明
もなされていなかったり、従前基本給とされていた金額の一部を残
業代としてくくりだしている（例えば、従前は基本給が月 25 万円
であったところを、基本給を 15 万円に下げ、10 万円を固定残業手
当にした）ような場合には、残業代の部分が実質的に見て残業代と
して支払われたものと見ることができない可能性が高い（②）とい
うことになるでしょう。

　固定残業代が無効となった場合には、基本給等に加え、固定残業
代も含めて残業単価を計算し直した金額の残業代を支払わなければ
ならないことになるため、使用者はかなり大きな金額の支払義務を
負うことになります。

　勤務先に固定残業代が導入されている場合には、果たしてその固
定残業代が①や②の要件を満たしているのか、チェックしてみる必
要があります。

3　管理監督者とは

　労働基準法で定められている労働時間の決まりは、管理監督者に
は及びません。管理監督者であれば、深夜早朝に働いた場合に上乗
せされる深夜割増賃金を除き、いくら働いても残業代は払わなくて
よいということにされています。

　そこで、管理監督者にあたるかどうかがどのように判断されるか
が問題になりますが、企業内での肩書きなどの形式的な事情ではな

く、実態に即して客観的に判断されることになっています。具体的には、裁判所は次のような点を重視しています。

> ### 管理監督者かどうかの判断要素
>
> ①　使用者と一体と見ることができるかどうか
>
> （例：経営上の重要事項に関する権限や部下の人事権を持っている）
>
> ②　労働時間管理を受けていないかどうか
>
> （例：出社や退社時間の拘束がない）
>
> ③　基本給や手当面でその地位にふさわしい高い処遇を受けているかどうか
>
> （例：高額の管理職手当が支払われている）

　以上を踏まえ、Q10 を見てみましょう。権限もなく、処遇も高くないはずの新入社員をいきなり管理職にし、長時間労働をさせているということだとすると、管理監督者にあたりようがないことがわかるはずです。

第4章

非正規雇用
に関する法律

I 短時間労働者、有期雇用労働者、派遣労働者

1 短時間労働者、有期雇用労働者とは

> **Q11** パート、契約社員、派遣社員とは、どのような働き方なのでしょうか？ また、そのような働き方の人には、どのような法律が適用されるのでしょうか？

（1）短時間労働者、有期雇用労働者の働き方

　現在の日本には、フルタイムで期間定めのない契約で働く正社員のほかにも、パート、契約社員、派遣社員など、色々な働き方が存在します。

　まず、正社員に比べて1週間当たりの決められた労働時間が短い労働者を、法律では、「短時間労働者」といいます。一般的にパートやアルバイトと呼ばれる働き方は、「短時間労働者」にあたります。

　次に、期間の定めのある契約で働く労働者を、「有期雇用労働者」といいます。一般的には、正社員と労働時間は同じだけれども期間の定めのある契約で働いている契約社員といった働き方が、有期雇

用労働者にあたります。また、パートやアルバイトには、期間の定めがあることが通常です。したがって、パートやアルバイトは、短時間労働者であるとともに、有期雇用労働者でもあります。

（2）保護するための法律

　短時間労働者や有期雇用労働者の労働条件は、学生バイトや兼業主婦のイメージが根強く、正社員と比べてよくないことが多くあります。しかしながら、実際には、自分の給料で生計を立てている人も多くなっていますし、ほかに収入源があるからといって労働条件を悪くしていい理由にはなりません。

　そこで、短時間労働者や有期雇用労働者の労働条件を特に厚く保護するために、パートタイム・有期雇用労働法という法律が定められています。この法律によって、これらの労働者について、労働条件の明示、不合理な待遇格差の禁止、正社員への転換の推進などが図られています。

　正社員、短時間労働者、有期雇用労働者のいずれも、直接、会社に雇われて、その会社で働く働き方です。

2　派遣労働者とは

　一方、雇われている会社では働かない働き方があります。それが、派遣社員（派遣労働者）です。派遣社員は、直接的には派遣業者と契約し、派遣業者から給料をもらいます。しかし、実際の仕事では、別の会社へ派遣されて、その会社の指示を受けながら働きます。このように、契約している会社と、実際に指示を受ける会社が違うと

いうのが派遣社員の特徴です。

　かつて労働者を別の会社に派遣することは、禁止されていました。派遣先会社から支払われた報酬から派遣業者が取り分を差し引くため、最終的に労働者が受け取る金額が少なくなってしまうからです。しかし、1985年に労働者派遣法が制定され、派遣労働者の保護を図ることを条件に、特定の職種に限って解禁されました。その後、現在に至るまで、徐々に職種が拡大されてきました。

　労働者派遣法においては、労働者派遣契約の中途解約の制限、不合理な待遇格差の禁止、派遣先による直接雇用の促進などが図られています。

Ⅱ　正社員との待遇差

1　非正規労働者に共通する待遇の格差問題

Q12　私は、１年契約の契約社員として働いています。正社員に対しては通勤手当が支給されていますが、契約社員に対しては支給されていません。この格差は、おかしいのではないでしょうか？

　短時間労働者、有期雇用労働者、派遣労働者など、正社員とは異なる働き方をする労働者を、合わせて非正規労働者ということがあります。

　前節Ⅰでは、働き方ごとに定められている法律があると説明しました。これらの法律は、労働基準法や労働契約法といった一般の労働法に上乗せして適用されるものです。そのため、非正規労働者であっても、基本的には正社員と同様、労働法の保護を受けることができます。

　パートや契約社員などの非正規労働者に共通して、正社員よりも給料などの労働条件が悪いという問題があります。1990年代後半から非正規労働者の数は増え続けており、非正規労働者の労働条件

を向上させることが求められています。

　そこでパートタイム・有期雇用労働法や労働者派遣法は、このような非正規労働者と正社員との間で、基本給、賞与、手当、福利厚生など、それぞれの待遇ごとに、「不合理」な格差を設けることを違法としています。

２　違いに応じた待遇にしなければならない

　それでは、どのような場合に「不合理」といえるのでしょうか。

　まず、当然ですが、非正規労働者と正社員とで、仕事の内容や責任など前提事情が同じ場合には、同じ待遇にしなければなりません（均等待遇といいます）。

　もっとも、前提事情がすべて同じという場合は多くはありません。そのため、前提事情が同じでないと不合理とはいえないとすれば、非正規労働者と正社員との待遇格差はなくならないことになってしまいます。

　そのため、法律では、もう一歩進んで、前提事情に違いがある場合であってもなお、その違いに応じた待遇にしなければならないとされています（均衡待遇といいます）。

　簡単に説明すると、正社員の仕事を10、非正規労働者の仕事を8とすると、正社員に月額30万円の基本給を与えていた場合には、非正規労働者にも月額24万円の基本給を与えなければならないのです。

3　待遇ごとに不合理か否かを判断する

2では、基本給という仕事の内容や責任に関係する待遇について説明しましたが、すべての待遇がこれらと関係するわけではありません。

例えば、親族を養っている労働者の生活の見通しを立てやすくして、長く働いてもらおうという目的で支給されている家族（扶養）手当があるとします。仕事の内容や責任は、長く働いてもらえるかどうかとは直接関係はありません。この場合に重要となってくるのは、養っている親族の有無と実際の勤務年数です。そうすると、たとえ非正規労働者であっても、養っている親族がいて、かつ、相応に勤続しているのであれば、このような家族（扶養）手当の目的にあてはまるといえます。したがって、非正規労働者に対し、このような家族（扶養）手当を支給していないことは違法となります。

このように、不合理かどうかは、問題となる待遇ごとに、その性質・目的に関係する事情を考慮して判断します。

4　実態に即して判断する

よくある使用者の言い分として、「正社員は、長く働いてもらうことを前提としているから、特に高待遇にして必要な人材を獲得・定着させる必要がある、補助的な非正規労働者にはそれはあてはまらない」というものがあります。

しかし、このような使用者の言い分は、使用者がそう思っているということに過ぎず、待遇格差を設けていい理由にはなりません。

不合理な待遇格差かどうかは、職場の実態に即して判断されます。そのため、似たような名称の待遇であっても、職場の実情に応じて、待遇格差が不合理となるかどうかは変わってきます。

　Q 12 では、通勤手当の待遇格差が問題となっています。この通勤手当が、通勤にかかる交通費の負担を軽減するという目的で支給されている場合、この目的は、非正規労働者にもあてはまります。契約期間や勤務時間の長さは関係ありません。したがって、このような通勤手当を非正規労働者に支給しないことは不合理であり、違法となります。

5　使用者には待遇格差について説明する義務がある

　以上のとおり、不合理な待遇格差かどうかは、様々な事情を考えて判断します。しかしながら現実として、非正規労働者は、待遇格差の理由はもちろん、そもそも待遇格差があるのかさえ知らないことが多いのが実情です。このままでは、法律の規制が絵に描いた餅になってしまいます。

　そこでパートタイム・有期雇用労働法や労働者派遣法は、非正規労働者を採用した場合と非正規労働者から求められた場合に、使用者は待遇格差の内容やその理由などについて説明しなければならない、としています。この説明は、資料を活用しながら口頭で解説することが基本とされています。

　非正規労働者が説明を求めても、使用者が十分な説明をしなかった場合には、そのこと自体が、待遇格差が不合理であるという方向に傾く事情となります。また、説明を求めたことを理由に不利益な取扱いをすることは禁止されています。

　そのため、困ったときは、使用者に積極的に説明を求めていくべきでしょう。また、労働組合に加盟して、団体交渉を通じて待遇改善を求めることも考えられます。もし裁判となった場合には、使用者に対し、不合理な格差がなければ本来受け取ることができたはずの差額分について、損害賠償を請求することなどが考えられます。

Ⅲ　無期転換

1　無期転換ルールとは

Q13　私は契約社員です。１年契約を更新しながら、すでに同じ会社で６年働いています。しかし、突然上司から「次の契約は更新しない」と言われてしまいました。抗議したいと思いますが、会社に契約を継続させるのは難しいでしょうか？　また、もし契約が継続された場合の労働条件は、どうなるのでしょうか？

　期間の定めのある契約の場合、期限が来れば、契約も自動的に終了することになりそうです。

　もっとも、法律では、有期雇用労働者の待遇を改善するため、５年を超えて働く労働者については、特別なルールを定めています（５年を超えない場合であっても適用されるルールについては、第６章Ⅳを参照）。それが無期転換ルールです。

　無期転換ルールとは、同じ使用者との間で、２つ以上の有期契約の通算期間が５年を超える場合には、労働者が申し込むことで、有期契約から無期契約へ転換する（期間の定めをなくす）ことができ

る制度です。

　これにより、有期雇用労働者であっても、勤務を継続することにより、安心して働き続けることができるようになっています。

◆図表２　無期転換ルール

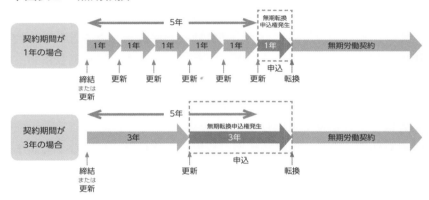

2　無期転換ルールの注意点

（1）　１回以上契約更新することが必要

　無期転換ルールには、いくつか注意点があります。

　１つ目は、２以上の契約を通算する必要があるため、少なくとも１回以上、契約を更新している必要がある点です。例えば、６年契約など、１つの契約で５年を超える場合については、たとえ通算期間が５年を超えていても、１回目の契約の途中で無期転換することはできません。１年契約であれば、６回目（満６年の契約）から、

3年契約であれば2回目（満6年の契約）から無期転換することが可能となります。

（2）5年を「超える」ことが必要

　2つ目の注意点は、5年を「超える」必要があるという点です。

　昨今、無期転換を防ぐため、通算期間が満5年となるところで使用者が契約を終了させてくるケースが増えています。無期転換ルールが適用されるのは、契約の通算期間が5年を「超える」場合であるため、このような場合には適用されません。このような場合の考え方は、第6章Ⅳで説明します。

　通算期間には、産前産後休業や育児・介護休業、休職なども含まれますが、契約と契約の間に6か月以上空白があると、通算期間がリセットされてしまいます。

　なお、研究者や大学教員などについては、例外的に、通算期間が10年を超える必要が出てくる場合もあります。

（3）5年を超える契約の期間内に申し込むことが必要

　3つ目は、無期転換をするには、労働者の申込みが必要となる点です。契約の通算期間が無期転換に必要な期間を超えたからといって、自動的に無期転換されるわけではなく、労働者が申し込まなければなりません。

　また、この申込みは、5年を超える契約の期間内に行う必要があります。まだ契約を終了させられていない場合には、その契約の期間内に申し込めば足ります。一方、すでに契約を終了させられてしまっている場合には、1年契約の場合には、満6年となるまでとい

うように、１回更新されたと仮定した期間内に申込みを行う必要があります。

　したがって、Q13でも、使用者に対し、速やかに無期転換申込を行うとともに、継続して働く意思があることを示すことが必要です。使用者は、無期転換に申し込む権利が発生する契約更新のタイミングごとに、その労働者に対して、無期転換できることを書面で明示する必要があります（2024年４月から）。使用者と労働者の双方が、無期転換ルールについて、よりいっそう正確に理解することが求められます。

3　無期転換後の労働条件

　では、無期転換ができた場合の労働条件はどうなるのでしょうか。

　無期転換ルールは、形式的には、期間の定めをなくす効果しかありません。そのため、その他の労働条件については、基本的には期間の定めがあったときと同じまま、ということになります。

　しかしながら、使用者と労働者で話し合って、労働条件を向上させることもできます。

　無期転換ルールは、もともと有期雇用労働者の待遇を改善させるために作られた制度です。2024年４月からは、使用者が労働者に無期転換できることを明示する際に、あわせて無期転換後の労働条件についても説明するよう努めなければならないとされています。使用者には、できる限り、無期転換後の労働条件を正社員と近づけることが求められているといえるでしょう。

コラム②

<u>シフト制で働くときのよくある相談</u>

　読者の皆さんの中には、アルバイトなどで、〇時～〇時という交替制の勤務、いわゆるシフト制で働く方もいると思います。

　ここでは、そんなシフト制で働く方から、よく寄せられる相談を紹介します。

■1　無理やりシフトを入れられてしまった！

　学生からよくある相談として、試験などの都合でシフトを減らしてほしいと頼んでも、減らしてもらえない、休みの希望を出していた日に無理やりシフトを入れられてしまった、というものがあります。

　シフトと呼ぶと何か特別なもののようですが、法的には労働日や労働時間のことを指します。この労働日や労働時間がどのように決められるかといえば、労働者と使用者との合意（話し合い、契約）によって決められます。

　ですが、実際の契約書には「労働日：シフトによる」としか書かれておらず、詳しいルールは定められていないことがほとんどです。

　ではどのように考えればいいのでしょうか。

　「合意」とは、要するに、労働者と使用者の意見が揃うことです。そのため、労働者が「その日は働かない」と言っているにもかかわらず、使用者の一方的な意思だけでシフ

トを入れることは許されません。使用者からシフトが伝え
られた段階で、しっかりと勤務を断る連絡をすることが重
要です。また、勤務を断ったことを理由として、シフトを
大幅に減らすなどといった不利益な取扱いをすることは許
されません。

❷　シフトカットされてしまった！

　もう一つ、よくあるのが、逆に、もっと働きたいのだけ
れども、勝手にシフトが減らされてしまった（シフトカッ
トされた）という相談です。コロナ禍によりシフトカット
され、その分、収入が減って困っているという相談がとて
も増えました。❶の話からすれば、労働者がシフトに入り
たいと言っても、使用者が NO といえば、合意が成立しな
いようにも思えます。

　しかし、採用の場面を思い浮かべてほしいのですが、週
何日入ってほしいという使用者の希望条件と、週何日働き
たいといった労働者の希望条件が合致したからこそ、採用
されたのではないでしょうか。そして、実際に働き始めた
後も、完全にランダムなシフトの入り方をしているのでは
なく、「毎週何曜日はシフトに入る」だとか、「週や月に最
低何日は入っている」という積み重ねがあるケースも多い
と思います。

　そのようなケースでは、たとえ契約書で明確に労働日や
労働時間の条件が決められていなかったとしても、それが
労働者と使用者との暗黙の了解（これを「黙示の合意」と

いいます）になっていたといえる可能性があります。このような場合には、使用者は、最低でもそのような合意に反しないようにシフトを入れなければなりません。

　そのため、合意に反してシフトカットするのは、あくまで使用者の都合ですので、労働者は、使用者に対し、カットされてしまった分の給料の10割（または６割）を請求することができることがあります。諦めずに専門家に相談してみましょう。

第5章

職場のハラスメント に関する法律

Ⅰ　職場のハラスメント

1　職場のハラスメントとは

Q14　私は大学を卒業し、今年の4月から会社で働き始めました。新入社員なので、仕事のやり方がわからないのですが、上司からは何も教えてもらえません。私がミスをすると、上司は「本当に大学を出ているのか」「大学を出ても使えないな」「給料泥棒」などと罵倒してきます。
このような上司の指導や暴言はおかしいと思うのですが、何とかならないのでしょうか？

　あらゆる労働問題の中で、現在、最も相談件数が多く、社会問題にもなっているのが、ハラスメント問題です。
　様々なハラスメントの中でも、労働問題においてたびたび争いになるのが、パワハラ、セクハラ、マタハラ、SOGI ハラです。それぞれ見ていきましょう。

（1）パワーハラスメント

　職場のパワーハラスメント（パワハラ）とは、職場において行われる、①優越的な関係を背景とした言動であって、②業務上必要かつ相当な範囲を超えたものにより、③労働者の就業環境が害されるものであり、①から③までの3つの要素をすべて満たすものをいいます。

　ただし、客観的に見て業務上必要、かつ、相当な範囲で行われる適正な業務指示や指導については、職場におけるパワハラには該当しません。

　パワハラの中には、次の6つの型があるとされています。

パワハラ　6つの型
ⅰ　身体的な攻撃（暴行、傷害）
ⅱ　精神的な攻撃（脅迫、名誉棄損、侮辱、ひどい暴言）
ⅲ　人間関係からの切り離し（隔離、仲間外し、無視）
ⅳ　過大な要求
ⅴ　過小な要求
ⅵ　個の侵害（私的なことに過度に立ち入ること）

　このような行為が、社内ではなく、顧客や取引先などの社外の関係者からなされることもあります。顧客や取引先などから過剰な要求をされたり、商品やサービスに対して不当な言いがかりをつけられたりする迷惑行為のことは、カスタマーハラスメント（カスハラ）と呼びます。

（2）セクシュアルハラスメント

　セクシュアルハラスメント（セクハラ）とは、職場において行われる労働者の意に反する性的な言動により、労働者が労働条件について不利益を受けたり、就業環境が害されることをいいます。

　セクハラには、対価型と環境型の２種類があるとされています。

①　対価型セクハラ

　対価型セクハラとは、労働者の意に反する性的な言動に対して拒否や抵抗をしたことにより、その労働者が解雇されたり、労働契約の更新が拒否されたり、昇進・昇格の対象から除外されたり、客観的に見て不利益な配置転換をされるなどといった不利益を受けることをいいます。

　加害者は、そのような不利益を与えられる立場にあることを背景に、性的関係の誘いに応じるよう迫るわけです。リクルーター等を担当している採用権限を持った先輩社員が、就活生に対して性的関係を迫ったことが社会問題となりましたが、これは対価型の典型例でしょう。

②　環境型セクハラ

　他方、環境型セクハラとは、労働者の意に反する性的な言動により、労働者の就業環境が不快なものとなり、労働者の能力発揮に重大な悪影響が生じるなど、その労働者が就業するうえで見過ごせない程度の支障が生じることをいいます。

　例えば、上司が腰や胸などをたびたび触るので、また触られるかもしれないと思うと仕事が手に付かず、就業意欲が低下してしまうといった事例がこれにあたります。

（3）マタニティハラスメント

　マタニティハラスメント（マタハラ）とは、職場において行われる上司・同僚からの言動（妊娠・出産したこと、育児休業、介護休業等の利用に関する言動）により、妊娠・出産した労働者や育児休業・介護休業等を申出・取得した労働者の就業環境が害されることをいいます。

　マタハラには、次の2つの型があるとされています。

マタハラ　2つの型

ⅰ　制度の利用を妨害する嫌がらせ
　（育児休業の取得について上司に相談したところ、「忙しい時期に育児休業を取るなんてあり得ない」と言われる等）

ⅱ　妊娠・出産により就労状態が変化したことに対する嫌がらせ
　（上司から「こんな忙しい時期に妊娠するなんて信じられない」と繰り返し言われる等）

（4）SOGIハラ

　SOGIハラ（性的指向 = Sexual Orientation、性自認 = Gender Identity のそれぞれの頭文字をとった用語）とは、性的指向や性自認に関連した、差別的な言動や嘲笑、いじめや暴力などの精神的・肉体的な嫌がらせを行うことをいいます。

2　被害を受けた場合の代表的な法的手段

　加害者からの言動が、社会的に適切であるという範囲を超え、**1**のようなハラスメントに該当していると判断される場合には、その言動が不法行為に該当すると判断されます。そのため、加害者に対して損害賠償請求を行うことができます。

　加害者からのハラスメントが業務の過程の中で行われていたり、ハラスメントの事実を使用者が把握していた（あるいは容易に把握できた）にもかかわらず、これを防止するなどの適切な措置を怠ったという場合には、加害者のみならず、使用者に対しても損害賠償請求を行うことができます。

　現実的には、損害賠償請求を行いたいというよりは、まず職場環境の改善を求めたいという方も多いでしょう。労働施策総合推進法では、ハラスメントによって就業環境が害されることがないよう相談窓口を設置し、被害防止に向けて必要な体制を整えることが使用者の義務となっています。この法律に基づいて設けられた社内相談窓口に被害申告を行い、適切な対応を求めることも、職場環境を改善させるうえでは重要な手段です。

Ⅱ ハラスメント被害による労働災害

1 労働災害（労災）とは

　労働災害（労災）とは、労働を行う中で、労働が原因となって怪我を負ったり病気になってしまうことをいいます。労災にあたるかどうかは勤務先の最寄りの労働基準監督署が客観的に判断を行うことになっています。

　労災だと認めてもらうためには、まず勤務先の最寄りの労働基準監督署に、労災の申請を行います。労働基準監督署は、労働者や使用者について十分に調査を行ったうえで、労災にあたると判断した場合には労災認定を行います。そのうえで被災した労働者側に対し、定められた補償を行います。

2 労災と認められることの意味

　労災だと認められると、直接的には、次のような手厚い補償が受けられるようになります。

労災補償

①療養補償：労災により治療が必要となった場合、治療費全額が

　支給される

②休業補償：労災により仕事ができず、賃金が支払われなかった
　場合、休業補償給付として給付基礎日額（直前３か月間の賃金
　の平均日額）の60％、休業特別支給金として20％が支給さ
　れる

③障害補償：労働者が障害を負った場合、１級〜14級までの障
　害等級に応じた給付・特別支給金が支給される

④遺族補償：労働者が死亡した場合、その遺族に遺族補償年金、
　遺族特別支給金、遺族特別年金の遺族補償・葬祭料が支給され
　る

⑤傷病補償：業務上の負傷・疾病が療養開始後１年半経過しても
　治らず、その障害の程度が傷病等級に該当するときに、年金や
　一時金が支給される

⑥介護補償：傷病補償年金受給者につき、その障害が一定のもの
　で、かつ、その者が現に介護を受けているときに介護費用が支
　給される

⑦労災就学等援護費：労働者が労災により死亡した場合、就学中
　の遺族に対して、就学援護費が支給される

　そして、被災者が存命の場合には、労災に起因する病気や怪我に
よりもとの仕事ができなくなったとしても、使用者には、療養のた
めに休業する期間、および、その後30日間に関しては、法令上の
解雇制限がかかります。使用者のもとで働く中で労災に遭った方を、
働けないからといって解雇することは社会的に許されるものではあ
りません。そのため、厳しい解雇制限がかけられているのです。

　他方、労災の給付では補償されない損害（慰謝料や休業損害の４
割部分、弁護士費用等）に関しては、使用者に対して直接、損害賠

償請求を行うことが考えられます。これが認められるには、使用者自身に過失があることが必要です。この過失の存在を認めさせるうえで、労災認定を獲得していることは、事実上極めて有利に働きます。これは、労災が認定されることの間接的な効果といえるでしょう。

3　悪質なハラスメントが原因の労災認定

Q15　私は毎日上司から、身体を触られたり、食事にしつこく誘われる等のセクハラを受け続ける中で、強いストレスを感じ、精神的な症状が出てきているため、出社することが難しくなっています。上司の姿を思い浮かべるだけで動悸がしてくるのです。

　心療内科を受診したところ、適応障害であるとの診断を受けました。休職が必要との診断ですが、仕事を休むと収入が得られなくなってしまいます。何かいい手立てはないでしょうか？

（1）ハラスメントによる精神疾患

　治療が必要になるほどの身体的な攻撃が行われたり、人格否定を含むような精神的な攻撃が繰り返し行われているような悪質なハラスメントの場合には、被害者が強い心理的負荷（ストレス）を受け、精神疾患を発症してしまうことがあります。長期間働けなくなって

しまったり、最悪の場合には自死に至ってしまうことも珍しくありません。

　そのような悪質かつ深刻な事例では、労災申請を行うことが考えられます。

（2）労災申請の手続き

　労災申請を行うには、労災申請書（厚生労働省のウェブサイトからダウンロード可能です）に必要事項を記入したうえで、自身が受けた被害の内容、被害を裏付ける証拠を添付して、勤務先の最寄りの労働基準監督署に提出します。労災申請書の中には、勤務先からの証明を記載する欄がありますが、勤務先が証明をしてくれない場合には、ここを空欄にして提出することも認められています。

（3）労災認定の基準

　業務上のストレスによって精神疾患の労災が認められる基準は、厚生労働省のウェブサイトで公開されています。要件は次の3つです。

業務上のストレスによる精神疾患の労災認定基準

① 　労災の対象となる精神疾患を発病していること
② 　対象疾病の発病前おおむね6か月の間に、業務による強い心理的負荷が認められること
③ 　業務以外の心理的負荷および個体側要因により対象疾病を発病したとは認められないこと

---

　①については、うつ病や適応障害、PTSD など、かなり幅広い精

神疾患が対象となっています。

　②については、どのようなケースであれば業務による強い心理的負荷が認められるといえるかが、認定基準の中で挙げられています。例えば、パワハラによる労災が認められるには、身体的攻撃の場合、治療を要する程度の暴行等を受けたことや、暴行等を反復・継続するなどして執拗に受けたことが必要とされています。精神的攻撃の場合、本節Ⅰ1で挙げた6類型の精神的攻撃やSOGIハラ等を反復・継続するなどして執拗に受けたことが必要とされます。

　ただし、被害内容がここまでのレベルに至っていない事例でも、使用者の対応によっては労災と認められる可能性があります。例えば、労働者が使用者に被害を相談していたり、使用者がパワハラを把握したりしていても適切な対応がなく、改善がなされなかった場合などが考えられます。

4　ハラスメントが原因の労災の調査は時間がかかる

　過重労働やハラスメントを原因とする労災については、調査に時間がかかるのが一般的です。労災と認められるかどうか、結論が出るまでに約1年近くかかることも少なくありません。工事現場での怪我などとは違って、病気の原因をはっきりさせることが難しいためです。そのため、その間の生活費をまかなうために、健康保険組合や共済組合の傷病手当金制度や雇用保険制度、場合によっては生活保護に頼ることも重要です。

5　セクハラ事案の調査の留意点

　労働基準監督署がセクハラ事案の調査を行う際の留意点として、厚生労働省は以下の４つを挙げています。

> **セクハラ事案の調査における留意点**
>
> ①　被害者は、勤務を継続したいとか、行為者からのセクシュアルハラスメントの被害をできるだけ軽くしたいとの心理などから、やむを得ず行為者に迎合するようなメール等を送ることや、行為者の誘いを受け入れることがあるが、これらの事実はセクシュアルハラスメントを受けたことを単純に否定する理由にはならないこと
>
> ②　被害者は、被害を受けてからすぐに相談行動をとらないことがあるが、この事実は心理的負荷が弱いと単純に判断する理由にならないこと
>
> ③　被害者は、医療機関でもセクシュアルハラスメントを受けたということをすぐに話せないこともあるが、初診時にセクシュアルハラスメントの事実を申し立てていないことは心理的負荷が弱いと単純に判断する理由にならないこと
>
> ④　行為者が上司であり被害者が部下である場合や、行為者が正規雇用労働者であり被害者が非正規雇用労働者である場合等のように、行為者が雇用関係上被害者に対して優越的な立場にある事実は心理的負荷を強める要素となり得ること

　これらは、性被害者の心理に関する研究結果等に即した調査の留意点であり、労災の調査においても念頭に置かれるべきものです。

　そのため、加害者に迎合的な行為をとってしまっていたり、被害

から少し時間が経ってしまっている場合であっても、それだけで労災申請を諦めるべきではありません。

6　証拠が大切

　労災申請や損害賠償請求といった手段をとったうえで、これを認めてもらうためには、被害内容を裏付ける証拠が必要です。

　そのため、被害を受けた場合には、可能な限り録音等の証拠を確保するように努めましょう。

　労災申請をする場合には特に、被害を目撃した証人に当時の状況を供述してもらうことも重要な手段の一つです。

第6章

解雇・雇止め
に関する法律

Ⅰ　解　雇

1　解雇するには正当な理由が必要

Q16　上司から呼び出され、いきなり、「明日から来なくていい！クビだ！」と言われてしまいました。まだ辞めたくないのですが、諦めるしかないのでしょうか？

　使用者が労働者を一方的に辞めさせることを「解雇」といいます。解雇されてしまうと、労働者は露頭に迷ってしまうことになります。そのため、労働契約法という法律では、使用者が労働者を解雇するには、次の2つの要件が必要であるとしています。このルールを「解雇権濫用法理」といいます。

> 解雇権濫用法理
>
> ①　客観的に合理的な理由（解雇するに足る理由）がある
> ②　社会的相当性（労働者に有利な事情などを考慮してもなお、解雇するのはやむを得ないといえるか）がある

　つまり、「気にいらない」などという主観的な理由でなされた解

雇は、客観的に合理的な理由がなく無効となります。また、たとえ労働者が始業時間に遅刻したなどという事情があったとしても、遅刻がたった１回、10分程度といったものであれば、それだけで解雇するのは重すぎるため、社会的相当性がなく、やはり解雇は無効となるのです。

2　解雇は３種類に分けられる

　解雇は、その理由によって、大きく①整理解雇、②懲戒解雇、③普通解雇の３種類に分けられます。

（1）整理解雇

　「整理解雇」とは、使用者の経済的な理由で労働者を解雇することをいいます。いわゆる「リストラ」です。

　この場合、解雇はもっぱら使用者の都合でなされるわけですから、通常の解雇権濫用法理よりも厳しい条件となる、「整理解雇法理」に従う必要があります。

　具体的には、以下の４つの要件を満たさなければなりません。

整理解雇法理

① 　人員削減の必要性（経営状態が悪い、新規採用など人員削減と矛盾した行動をとっていない等）がある
② 　解雇回避努力（役員報酬のカット、配転の打診等）をした
③ 　人選の合理性（基準の合理性、適用の公正性）がある
④ 　手続きの妥当性（本人への説明、労働組合との交渉等）がある

（2）懲戒解雇

　「懲戒解雇」とは、労働者がルール違反をおかした場合に、その制裁として労働者を解雇することをいいます。

　この場合、解雇は制裁として行われるものですから、事前にその基準がはっきりと示されている必要があります（事前にルールを知らされず、後から「実はこれはルール違反なのでクビです」と言われても納得できませんよね）。そのため、法律上、就業規則などで懲戒の理由と種類を明らかにする必要があるとされています。

　また、処分が適正になされるよう、処分には客観的に合理的な理由と社会的相当性が必要となります。これらは１の解雇権濫用法理と言葉こそ同じですが、制裁として行われる懲戒解雇の基準のほうが、より厳しく判断されることとなっています。

（3）普通解雇

　整理解雇にも懲戒解雇にもあたらないものを、「普通解雇」といいます。実際のケースで最も多く行われており、１の解雇権濫用法理によって判断されることになります。

Ⅱ 解雇されたときの対処法

1 解雇理由証明書を請求して、働く意思を示す

　解雇するには正当な理由が必要と説明しました。しかし、Q16の場合のように、実際のケースにおいては解雇理由が必ずしも明らかでないことも多いです。

　そのため、解雇に納得できない場合には、使用者に対し、解雇理由証明書を請求して、解雇理由を明らかにしてもらいましょう。このような労働者の求めに応じることは、労働基準法により使用者の義務とされています。これにより、解雇理由が特定でき、解雇がどのような基準で判断されるべきか、明らかにできます。

　その際、あわせて、メール、LINE、内容証明郵便、録音などの証拠が残る形で、解雇に納得していないこと、まだ働く意思があることを示しましょう。無効な解雇をして就労を拒んでいるのは使用者ですよ、という証拠を示すことで、解雇期間中であっても賃金が請求できるようになります。

2 離職票をもらって失業給付を受給する

　解雇されてしまった後、どのように生活していくかは大きな問題

です。

　そこで雇用保険法という法律により、一定の要件を満たす場合には、失業してしまった労働者は失業給付を受給することができると定められています。

　解雇された場合には、会社から離職票を発行してもらい、ハローワークで失業給付を受給しましょう。雇用保険の詳細は、第7章Ⅲで説明します。

3　退職前提とみなされる行動はしない

　よくある相談に、「解雇予告手当」を請求したいというものがあります。

　たしかに、解雇は30日以上前に予告しなければならず、使用者がこれを守らない場合には、その労働者に対し、違反した日数分の賃金を支払わなければならないと労働基準法で決められています。したがって、Q16のような即日解雇の事案では、30日分の賃金が請求できることになります。また、退職金の定めがある場合においては、退職金も請求できます。

　しかしながら、解雇予告手当や退職金の請求は、退職を前提とした行動ですので、退職を承諾したものとされるおそれがあります。そのため、Q16のような、辞めたくない、解雇を争いたいという場合には、これらの請求を行わないよう注意しましょう。

　ただし、私物の持ち帰り、貸与品の返還や社会保険の手続き（健康保険証の返還や離職票の受領など）については、退職を前提とした行為とはみなされませんので、行っても構いません。

コラム③

それって本当に解雇？　—退職勧奨にご用心—

　使用者から「君はこの仕事に合っていないから、もう辞めたほうがいい。退職願を出して」と言われたとします。退職を求める理由が適正なのか考える前に、これが解雇（＝使用者が労働者を一方的に辞めさせるもの）といえるのか、考えてみましょう。

　この場合、使用者が労働者に対し退職願を出すよう求めています。これを「退職勧奨」といいます。退職願とは、労働者が自分から辞めたいとお願いすることをいい、使用者がこれを了解した場合に初めて労働契約が解消されます。これを「合意解約」といいます。

　つまり、退職勧奨は、あくまで合意解約のお誘いに過ぎません。納得できなければ断ることができます。安易に退職願を出さず、きっぱりと断ることが大切です。なお、本人が明確に断っているにもかかわらず、退職勧奨が繰り返し行われ、人格否定発言なども伴うような場合には、この行為自体が違法となり、損害賠償の対象となることがあります。そのような場合には、会話内容を録音しておくなどして、証拠をとっておくことが有効です。

Ⅲ 内定取消、本採用拒否

1 内定取消にも正当な理由が必要

Q17 内定式後、経営が厳しいという理由により、内定先から内定を取り消されてしまいました。どうにかならないのでしょうか？ また、試用期間満了で本採用を拒否された場合はどうでしょうか？

　日本企業の新卒採用の手続きは、企業からの募集→労働者の応募（エントリー）→選考手続→採用決定の通知（内々定）→内定式（採用内定通知書の交付）→入社前研修等→入社式・勤務開始というプロセスを経ることが主流です。

　本章Ⅰで説明したとおり、使用者が労働者を一方的に辞めさせる解雇には、正当な理由が必要です。「内定取消」とは、採用内定後、就労を開始する前に、企業が内定者に対して一方的に内定を取り消すことをいいますが、これも雇われる側が一方的に不利益を被るという点では、解雇と変わりません。

　そこで、事案にもよりますが、多くの裁判例では、採用内定が出た段階で、問題があれば内定取消をすることもあり得るという条件

付きの労働契約が成立していると判断されています。そのため、内定取消にも解雇権濫用法理が適用されています。

　つまり、勤務開始前だからといって、むやみに内定取消が許されるわけではないのです。

2　内定取消が認められる理由とは

　では、どのような理由であれば、内定取消ができるのでしょうか。

　まず、内定取消の理由は、使用者が採用内定を出した時点で知らなかったし、また、調べても知ることができなかったような事情に限られます。例えば、卒業までに非行があったり、卒業するはずの時期に卒業できなかったりした場合などがあるでしょう。

　そのうえで、そのような事情を理由に内定取消をすることもやむを得ない（客観的に合理的な理由があり、かつ、社会的相当性がある）といえない限り、違法であり無効となるのです。

　例えば、内定者のグルーミー（根暗）な印象が消えなかったという理由で内定取消とされたケースが裁判で争われました。ここでは、採用内定を出した時点で使用者がすでに知ることができた事情であるとして、そのような理由での内定取消は違法であり無効とされています。

　Q17でも、すでに内定式を終えていますから、通常、すでに労働契約が成立していると考えられます。そして、内定取消の理由は「経営が厳しいこと」ですから、急に悪化していない限り、内定した時点で知りようがない事情とはいえないことが多いでしょう。また、急に悪化した場合でも、本章Ⅰで説明した整理解雇法理を満たさない限り、内定取消は違法であり無効となります。

　なお、内定によく似た概念として、「内々定」があります。内定とは異なり、内々定の段階では、就活生も複数の企業を並行して応募していることが多くあります。この場合、内定をもらっても、その企業に入社することが確定しているとはいえません。そのため、その内々定が通常の内定と同じ程度に入社を確定させているものといえるのか（＝内々定の取消しを内定取消と同じように考えることができるのか）については、個別の事案に応じて判断されることになります。

3　試用期間後の本採用拒否

　入社後、一定の試用期間を設けて働きぶりを見て、従業員としての適性がない場合には本採用を拒否する、という制度を設けている企業が多くあります。

　多くの裁判例では、試用期間中であっても、問題があれば本採用拒否を行うことがあるという条件付きで、すでに労働契約は成立しているとされています。つまり、本採用拒否にも、内定取消と同様、解雇権濫用法理が適用されるのです。

　本採用拒否の理由としては、能力不足が多く挙げられます。しかし、解雇権濫用法理に基づき、能力不足での解雇が許されるのは、基本的に、著しい能力不足があり、かつ、具体的な注意指導や教育をしてもなお、改善の見込みがない場合に限られます。新卒社員であれば、スキルもなく、企業のルールに詳しくないことが通常ですので、本採用拒否をすることができるケースは限られてくると考えられます。

　これに対し、中途入社の社員の場合、即戦力を期待されてくるこ

とが多くあります。しかし、この場合にも、単に期待外れというだけで解雇することはできません。まず、募集要項や履歴書、その他入社に至るまでの経緯に照らして、具体的にどのような分野について、どの程度の能力が求められているかを明らかにすることが重要です。そのうえで、求められた能力が本当に不足しているのかどうか、不足しているとして、それが労働契約を継続することができないほどなのかによって、解雇の有効性が判断されます。

コラム④

ブラック企業の見分け方

そもそも労働トラブルに遭う可能性の低い会社に入社するのが、最も有効な身の守り方だともいえます。入社前の段階で、「ブラック企業」かどうかを見分ける方法がいくつか存在します。

1　就職四季報

就職活動をしている大学生の間でよく読まれている企業研究書籍として、就職四季報（東洋経済新報社）があります。これを分析するだけでも、かなりの情報を得ることができます。

就職四季報には、各企業の3年後離職率のデータが記載されています。厚生労働省の調査によれば、若者の離職理由のトップに上がるのが、労働条件の悪さです。短期間での離職率があまりに高い企業や、そもそもデータを公表しない企業（NAと表示されています）は、要注意と考えたほうがいいでしょう。

離職率のデータを公表しない企業は、離職率を公表することを何らかの理由により不都合だと考えているわけです。このような企業の離職率は、従業員数と採用者数からうかがい知ることができます。つまり、従業員数がそれほど多くなく、あまり変化がないにもかかわらず、毎年大量に採用しているような会社は、次から次へと人が辞めていっていることになります。従業員数の変化は、前年度の就職四

季報や過去の就活サイトから調べることができます。

　また、平均勤続年数や社員の平均年齢も、重要な情報です。長く勤める社員が多く、平均年齢も普通であれば、安定した企業であることがわかります。ところが、平均勤続年数が短く、平均年齢があまりにも若いという場合には、要注意です。

❷　求人サイト

　就職四季報とは異なり、企業が多額の費用を支払って掲載しているのが、求人サイトの広告です。企業側があえてお金をかけて掲載しているものですから、企業にとって不都合な情報は掲載されにくくなっていることを念頭に置きつつ、慎重に見ていく必要があります。

　企業のアピールの中では、どのような仕事をやっている会社であり、新入社員の業務はどのようなものであるかということが説明されています。その中で注意すべきなのが、業務内容の説明があまりにも抽象的で、「夢」「希望」「感動」などといったやりがいを過度にアピールしている会社です。このような会社は、現実の業務内容（過酷な営業ノルマや飛び込み営業を強いられたり、酷暑でも屋外での作業・営業を強いられる等）を話してしまうと、入社を避けられてしまうと考えているからこそ、聞こえの良い抽象的な言葉を並べていると疑ってかかるべきです。

　若手でもすぐに管理職（マネージャー、店長など）になれることを謳っている会社も要注意です。退職者が相次い

でいるために社内に管理職になれる人材が不足しているのではないか、きちんとした研修もせずに管理職にさせることで、残業代を節約しようとしているだけではないか、その先には大量のクレーム処理や長時間労働が待っているのではないか、などと疑ってみるべきです。

　労働条件の中で注目するといいのは、給料の金額と内訳です。特に、固定残業代が高額過ぎる企業は、もともと長時間残業を想定しているのではないかという疑いがありますから、要注意でしょう。

　採用プロセスも重要です。退職者が相次ぐような企業は、とにかく人手が足りません。そのため、なるべくコストをかけずに次々に大量採用していこうと考えています。例えば、SPI 等の試験もなく、書類選考とたった１度だけの中身のない面接だけで採用を決めるような企業には要注意です。

❸　通常の検索も有効

　悪質なハラスメント被害を放置するような会社や、長時間労働が蔓延しているような会社は、被害者は１人だけではなく、相当多数に上っていることが通例です。そのため、現役社員や退職者が、転職サイト等に自らの被害経験を語っていることがよくあります。すべてが信用できるわけではないでしょうが、相当多数の社員から不満の声が上がっているならば、その会社の職場環境を疑ってみるべきでしょう。

Ⅳ 雇止め

1 有期労働契約と雇止め

Q18 私は経理の仕事を行う契約社員として、1年契約を今まで10回更新してきました。年度末近くになり、上司から、「君はコミュニケーション能力に問題があるから、来年の契約は更新しない」と言われてしまいました。

❶ あくまで1年ごとの契約なので、契約更新を諦めるしかないのでしょうか？

❷ 契約期間中に、「君はコミュニケーション能力がないから、明日から来なくていい」と言われてしまった場合は、そこで契約終了となり、従うしかないのでしょうか？

　期間の定めのある労働契約（有期労働契約）を結んでいる場合に、使用者がその労働契約を更新しないことを「雇止め」といいます。この場合、形式的に見れば、あらかじめ定められた契約期間が終了しているのですから、労働契約も終了することになりそうです。

　しかしながら、一口に有期労働契約といっても、契約が長期にわ

たって繰り返し更新されている場合があります。また、有期であっても、従事する仕事は今後も継続し、周りの有期契約社員である同僚も契約を更新されていて、契約の更新を期待するのも当然であるような場合もあります。

　これらの場合であってもなお、使用者が何の制限もなく、契約を終了させることができるとすれば、大きな問題が起こります。なぜなら、契約の形式を有期にしさえすれば、本章Iで見てきた解雇についての法的な規制をすり抜けることができてしまうからです。

　そこで労働契約法では、このような脱法を許さないために、一定の場合には、雇止めも規制を受けるとされています。

2　雇止めをめぐる規制

　具体的には、以下の@・ⓑのどちらかを満たす場合には、使用者が契約更新を拒否していたとしても、客観的に合理的な理由と社会的相当性が認められない限り、雇止めは許されません。労働契約法により、法的には雇止め前の契約と同じ労働条件で契約が更新されたものとされます。

雇止めの規制を受けるための条件

@　契約が長期にわたって繰り返し更新されていて、実質的には、期間の定めのない労働契約と同じような状態であったといえること

ⓑ　その労働者が契約更新を期待することへの合理的な理由があるといえること

　@・ⓑのような状態といえるかは、業務の内容（業務が今後も継

続するようなものかどうか、正社員と同じ仕事をしているかなど）、契約の更新回数・通算期間、契約更新手続の状況（更新の際、契約書を作成しているか、契約内容について説明されているかなど）、契約更新を期待させるような使用者の言動などがあるか（「長く働いてもらいたい」との発言や「原則更新」との契約書の文言等）などの事情によって判断します。

　例えば、ある裁判では、2か月契約の臨時従業員として雇われた労働者について、更新が5回〜23回繰り返されており、これまで契約期間の満了という理由で雇止めされた前例はなく、更新の際も契約書を作成しないこともあった場合には、ⓐにあたると認められました。また別の裁判では、たとえ更新手続をしっかり行っており、2か月契約の臨時従業員として雇われていても、担当していた業務が今後も継続されるようなものであり、契約が5回更新されていたといった場合には、ⓑにあたると認められています。

　Q18❶についても、契約が10回更新され、10年以上働き続けており、本人が担当している仕事も経理という今後も継続されるものなので、ⓑにあたるといえるでしょう。そのうえで、雇止めの理由は、コミュニケーション能力不足という抽象的で主観的なものですから、この雇止めは、客観的に合理的な理由に基づくものとはいえず、契約更新が認められることになります。

　なお、契約期間が定められた目的が、労働者の適性を評価・判断するためのものであるときは、有期労働契約ではなく、期間の定めのない契約の試用期間（本章Ⅲ3）であると判断される可能性もあります。

　また、契約の通算期間が5年を超える場合には、無期転換ルールの適用がありますので、忘れずに無期転換の申込みを行いましょう（第4章Ⅲをお読みください）。

3　雇止めへの対処法

　基本的には、解雇の場合（本章Ⅱ）と同様です。

　ただし、解雇理由証明書ではなく、雇止め理由の証明書を請求することになります。厚生労働省が定めたルールでは、雇止め理由の証明書の交付義務は、3回以上契約更新し、かつ、1年以上継続して勤務した場合のみとなっていますが、そのような場合でなくとも証明書を請求するべきです。

　また、上記ⓐ・ⓑの判断材料となる契約書や就業規則、業務内容がわかる書類や使用者の発言の録音などの証拠も集めておくことが重要です。

4　更新回数・通算期間に制限がある場合

　第4章Ⅲで説明したとおり、1回以上契約を更新し、契約の通算期間が5年を超える場合には、有期契約から無期契約へ転換する（期間の定めをなくす）ことができます（無期転換）。

　近年、無期転換を防ぐため、企業が契約書に、契約の更新回数・通算期間を制限する定めを入れてくることがあります。

　例えば、「契約の更新は4回、通算で5年までとする。」という定めや、「次回以降、契約の更新はしない。」という定めが入っていることがあります。このような場合、もう契約の更新の期待（ⓐ・ⓑ）はなくなってしまうのではないかと思うかもしれません。

　しかし、契約更新のため新しい契約書を作成する際に、使用者が一方的に上記のような定めを入れてきたとしても、当然に期待がな

くなるわけではありません。契約が反復更新されているなどして、すでに契約更新への合理的期待が発生している場合には、使用者が労働者に十分な説明を行い、労働者が真意で条項に同意したといえない限り、更新の期待がなくならないとされています。

　また、契約の当初から更新回数・通算期間を制限する定めが入れられてしまっていても、逆に、最低でもその回数・期間までは更新されるものと期待できる、といえる場合もあります。

　このように、契約の更新回数・通算期間に制限がある場合であっても、契約更新拒否が当然に認められることにはなりません。

5　期間途中の解雇

　有期労働契約の途中で、使用者のほうから契約を一方的に打ち切る場合は、「解雇」にあたります。

　使用者が有期契約労働者を期間途中で解雇することは、厳しく規制されています。通常の解雇権濫用法理の規制に加え、期間終了を待たずにただちに契約を終了せざるを得ない特別の重大な理由が必要とされています。

　したがって、Q18❷の場合、コミュニケーション能力がないというのは、このような重大な理由にはあたりませんから、期間途中の解雇は違法であり無効となります。

第7章

退職に関する法律

I 辞職、合意退職

1 職業選択の自由

Q19 　私は近所のコンビニで週4回アルバイトをしています。試験期間が近づいてきましたが、苦手科目が多かったので、アルバイトの回数を週1回に減らしてほしいと店長に頼んでみたところ、「仕事をなめるな！」と怒鳴られ、対応してくれません。そんな職場にいたくなくなり、辞めますと伝えたところ、「お前の代わりを見つけるか、損害賠償として10万円を払ってからでないと辞めさせない」などと言われました。店長の言うとおりにしないと辞められないのでしょうか？

　憲法上の権利として、労働者には職業選択の自由が保障されています。そのため、労働者側がある会社を辞めたいと思った場合には、2週間前に申入れをすれば、いつでも、いかなる理由でも退職することができます。つまり、労働者側が退職したいという意思表示を行った場合、使用者が応じなかったとしても有効に退職できると解釈されています。

　そのため、引き留めにあってしまっているという場合であっても、会社に対して「○月○日に退職します」と意思表示さえしておけば、法律上有効に退職できていることになるわけです。これを「辞職」といいます。

2　辞職の取消し

　辞職は、労働者からの一方的な意思表示によって効力が発生するものであるため、使用者にその意思表示が到達してからは撤回できないと考えられています。ただし、錯誤（思い違い）、詐欺・強迫などにより誤って辞職をしてしまったという場合には、意思表示の取消しができることがあります。

　本心ではないのに辞職の意思表示をしてしまったということが起こりやすいのは、大規模なリストラが行われている最中です。会社がリストラを行う場合、いきなり解雇をするのではなく、まずは自主退職を勧めてくること（退職勧奨）が通常です。しかし、退職を拒否している労働者に対し、繰り返ししつこく退職勧奨を行うなど、労働者の人格権を侵害するような悪質な退職勧奨が行われた場合には、不法行為として損害賠償を請求することが可能です。

　裁判例では、「自分で行先を探してこい」「ラーメン屋でもしたらどうや」などと屈辱的な言葉を浴びせられながら退職勧奨をしつこく受けていたというケースで、違法な退職勧奨が行われたとして損害賠償請求が認められた事案があります。

3　合意退職と受け取られないように注意

　他方、本心から辞職したいという場合に注意すべきなのは、合意退職の申込みだと勘違いされないような書き方にすることです。

　合意退職は、あくまで労働者と使用者の合意によって労働契約を終了させるということです。したがって、例えば「退職したく、お願い申し上げます」といった表現にしてしまうと、会社側が承諾しない限りは退職の効力が発生しないことになってしまいます。

　ポイントは、あくまで表現はシンプルに、「退職します」と言い切ることです。そうすれば、合意退職の申込みではなく、辞職の意思表示であると解釈されることになります。

Ⅱ　退職時のトラブル

1　スムーズな退職の仕方

　退職をめぐってトラブルになっているような場合には、会社が退職妨害をしてくることが考えられます。これに備え、内容証明郵便やメール等、後で証拠になるような方法を用いて退職の意思表示をすべきです。

　できるだけ早く退職したい場合であって、かなり年次有給休暇が残っているときには、残っている年次有給休暇をすべて消化し終わる日を退職日として辞職の意思表示をすればよいです。また、体調を崩してしまっていて、すぐに休業が必要である場合などには、年次有給休暇の日数にかかわらず、一刻も早く欠勤すべきです（ただし、その場合は欠勤分の給料が控除されることにはなります）。

　使用者と電話や面談等でのやり取りをしたくないという場合には、辞職の意思表示をする際に、「万が一連絡事項がある場合には、書面にてご連絡ください」と付記しておいてもよいでしょう。

　退職日は申出をする日から2週間後としておけば、法律上問題はありません。このルールを定めた民法627条は、会社がどのように取り決めをしていても、使用者が守らなければならないルール（強行法規）であると解釈されています。そのため、就業規則上は3か月前に退職の申出をしなければならないと定められていたとして

も、２週間前に申し出ていれば問題ありません。

　以上をまとめると、労働者がなるべく早く退職をするには、申出日の２週間後を退職日としつつ、「退職します」と言い切る形で、内容証明郵便やメール等の証拠に残る方法により、退職の意思表示をすれば基本的には問題ないと考えてよいでしょう。

　退職妨害をしてくるような会社は、慢性的に人手が足りていないことも多く、退職時に正当な理由のない違約金を請求してきたり、広すぎる競業避止義務や秘密保持義務を入れ込んだ誓約書への署名押印を求めてきたりするところも存在します。そのような要求には安易に応じないことも大切です。

2　損害賠償や罰金を請求された場合

　退職をしようとする労働者に対し、会社が退職を妨害する目的で、退職をするなら違約金を支払えと言ってきたり、損害賠償に応じろと言ってくることがあります。

　しかし、労働契約を結ぶ場合に、使用者が労働者との間で違約金を定めることは、労働基準法によって禁止されています。裁判例でも、タクシー運転手として雇われるにあたり支払われた教習費・就職支度金、看護師が資格を取得するために支払われていた奨学手当金・学費・生活費などについて、一定期間内に退職した場合には返還を求めるという約束をしていたとしても、そのような約束は違法であり無効だと判断しています。他方、労働者が会社の費用によって海外留学をした後、５年以内に自己都合で退職をした場合には留学費用を返済するという誓約をしていたという事案では、その留学が業務とはいえなかったこと、５年という期間が不当に長いとまで

はいえないことなどから、使用者からの留学費用の返還請求を認める判断が下されたことがあります。

　いずれにしても、使用者が労働者に対し損害賠償請求をできるのは、労働者が故意（わざと）または重大な過失によって使用者に損害を生じさせたという究極的な場合に限られるとされています。そして、万が一損害賠償責任があるとしても、労働者の勤務態度や使用者がどれだけ対策をしていたかなどによって、損害賠償額の範囲は制限されると考えられています。

　そのため、会社から損害賠償・罰金を請求されたとしても、それに応じる必要はほぼないといってよいでしょう。そのようなことをしてくる会社からは、一刻も早く退職したほうがいいかもしれません。

Ⅲ　雇用保険

1　再就職までの生活を支える雇用保険

　退職した後、再就職できるまでの間を支えるための制度として、雇用保険があります。退職後、会社から発行される離職票を自宅から最寄りのハローワークに持っていくと、手続きをしてくれます。

　離職票には、離職の理由を書く欄があるのですが、どのような理由で離職したかによって、給付の内容が変わってきます。簡単に説明すると、自己都合で離職をした場合よりも、会社の都合で離職せざるを得なくなった場合のほうが、給付の内容は充実しています。

　解雇や退職勧奨に遭っているにもかかわらず、離職の理由を「自己都合」であると記載した離職票を発行されてしまったり、自己都合で退職したことを認める趣旨の合意書に署名を求められたりするといったケースは、とても多くあります。会社都合による退職者を出してしまうと、雇用関連の各種助成金を受け取ることができなくなったり、助成率が下がるといったデメリットがあるため、会社によっては、離職理由を何とか自己都合にできないかという働きかけを行ってくるのです。

　しかし、このような誘いに安易に乗ってしまうことは非常に危険です。なぜなら、自己都合による退職と会社都合による退職とでは、失業給付に関する様々な点で効果が異なるからです。

①　失業給付の開始時期が違う

　よく知られているのは、失業給付がいつ始まるかという点での違いです。自己都合の場合、現在の制度では原則として申込みを行ってから2か月後に給付が開始されますが（ただし、今後短縮される可能性があります）、会社都合の場合には、申込みを行ってからすぐに（7日間が経過してから）給付を受けることができます。

②　失業給付を受け取ることのできる資格が違う

　また、失業給付を受け取ることのできる資格（受給資格）についても異なります。受給資格を得るには、通常は離職以前2年間の中で被保険者期間が12か月以上あることが必要とされていますが、後に述べる特定受給資格者や特定理由離職者にあてはまる場合には、離職以前の1年間の中で被保険者期間が6か月以上あれば受給資格が得られます。

③　失業給付を受け取ることができる期間が違う

　失業給付を受け取ることができる期間（所定給付日数）についても異なります。所定給付日数は年齢や被保険者期間によって変わってくるのですが、後に述べる特定受給資格者や特定理由離職者にあてはまる場合には、通常よりも所定給付日数が長く設定されています。

　このように、純粋に自分の都合で退職しただけなのか、あるいは特定受給資格者や特定理由離職者にあてはまるなど、（広い意味で）会社のせいで退職せざるを得なかったり、正当な理由で自己都合退職を選択せざるを得なかったりしたのかによって、失業給付の要件や内容が大きく異なってきます。そのため、会社都合で退職に追い込まれているのであれば、必ず会社都合で退職したという前提で離

職票を発行してもらう必要があるわけです。

2　特定受給資格者とは

　一見自分の都合で退職したように見える場合でも、様々な理由により退職せざるを得なくなったという場合には、特定受給資格者や特定理由離職者にあたることとなります。そして、会社都合で退職した場合と同様に取り扱われます。

　まず、特定受給資格者の範囲について説明します。

　一般的に、会社都合での退職というと、会社が倒産したり、会社から解雇されたような場合をイメージすると思いますが、入社時に説明を受けていた労働条件と入社後の労働条件とが著しく異なっていたり、長時間労働を強いられて退職せざるを得なかったような場合にも、会社都合での退職として取り扱われます。

　具体的には以下にあてはまる場合とされています。

1．「倒産」等により離職した者
①　使用者が倒産したことに伴い離職した者
②　事業所において大量雇用変動の場合の届出がされたため離職した者および当該事業主に雇用される被保険者の3分の1を超える者が離職したため離職した者
③　事業所の廃止に伴い離職した者
④　事業所の移転により、通勤することが困難となったため離職した者
2．「解雇」等により離職した者
①　解雇により離職した者

② 　労働契約の締結に際し明示された労働条件が事実と著しく違ったことにより離職した者

③ 　賃金の額の3分の1を超える額が支払期日までに支払われなかったことにより離職した者

④ 　賃金が、当該労働者に支払われていた賃金に比べて85％未満に低下した（または低下することとなった）ため離職した者

⑤ 　離職の直前6か月間のうちに、❶いずれか連続する3か月で45時間、❷いずれか1か月で100時間、または❸いずれか連続する2か月以上の期間の時間外労働を平均して1か月で80時間を超える時間外労働が行われたため離職した者。または事業主が危険もしくは健康障害の生ずるおそれがある旨を行政機関から指摘されたにもかかわらず、事業所において必要な措置を講じなかったため離職した者

⑥ 　事業主が法令に違反しマタハラを行ったため離職した者

⑦ 　事業主が労働者の職種転換等に際して、当該労働者の職業生活の継続のために必要な配慮を行っていないため離職した者

⑧ 　期間の定めのある労働契約の更新により3年以上引き続き雇用されるに至った場合において当該労働契約が更新されないこととなったことにより離職した者

⑨ 　期間の定めのある労働契約の締結に際し当該労働契約が更新されることが明示された場合において当該労働契約が更新されないこととなったことにより離職した者（上記⑧に該当する場合を除く）

⑩ 　上司、同僚等からパワハラを受けたことによって離職した者、事業主が職場におけるセクハラの事実を把握していながら、被害を防ぐために必要な措置を講じなかったことにより離職した者および事業主がマタハラにより労働者の就業環境が害されている事

実を把握していながら、被害を防ぐために必要な措置を講じなかったことにより離職した者

⑪　事業主から直接もしくは間接に退職するよう勧奨を受けたことにより離職した者

⑫　事業所において使用者の責めに帰すべき事由により行われた休業が引き続き３か月以上となったことにより離職した者

⑬　事業所の業務が法令に違反したため離職した者

3　特定理由離職者とは

次に、特定理由離職者の範囲について説明します。雇止めに遭って離職せざるを得なかったような場合や、自己都合退職の中でも正当な理由があるものが、これに該当します。

具体的には以下にあてはまる場合とされています。

１．期間の定めのある労働契約の期間が満了し、かつ、当該労働契約の更新がないことにより離職した者（上記２２の⑧または⑨に該当する場合を除く）

２．以下の正当な理由のある自己都合により離職した者

①　体力の不足、心身の障害、疾病、負傷、視力の減退、聴力の減退、触覚の減退等により離職した者

②　妊娠、出産、育児等により離職し、雇用保険法20条１項の受給期間延長措置を受けた者

③　父もしくは母の死亡、疾病、負傷等のため、父もしくは母を扶養するために離職を余儀なくされた場合または常時本人の看護を必要とする親族の疾病、負傷等のために離職を余儀なくされた場合のように、家庭の事情が急変したことにより離職した者

④　配偶者または扶養すべき親族と別居生活を続けることが困難となったことにより離職した者

⑤　次の理由により、通勤不可能または困難となったことにより離職した者

（a）結婚に伴う住所の変更

（b）育児に伴う保育所その他これに準ずる施設の利用または親族等への保育の依頼

（c）事業所の通勤困難な地への移転

（d）自己の意思に反しての住所または居所の移転を余儀なくされたこと

（e）鉄道、軌道、バスその他運輸機関の廃止または運行時間の変更等

（f）事業主の命による転勤または出向に伴う別居の回避

（g）配偶者の事業主の命による転勤もしくは出向または配偶者の再就職に伴う別居の回避

⑥　その他、２２の⑪に該当しない企業整備による人員整理等で希望退職者の募集に応じて離職した者等

4　離職票の内容に異議がある場合の対応方法

　特定受給資格者または特定理由離職者に該当するか否かの判断は、最寄りのハローワークが行うこととされています。

　会社が正確な離職理由を記載した離職票を発行してくれれば問題ないのですが、中にはそのような事実がないにもかかわらず、「一身上の都合による」などと記載した離職票を発行する会社もあります。その場合、まずは記載を改めるよう会社と交渉する必要があり

ます。これに応じてくれない場合には、いったん離職票を受け取りつつ、離職票の中の「離職者本人の判断」欄の「異議有り」に○をつけ、「離職者記入欄」と「具体的事情記載欄（離職者用）」に、本当の離職理由を記載したうえで、それを裏付ける証拠とともにハローワークへ提出しましょう。

　万が一、使用者が離職票の発行すらしてくれないという場合には、最寄りのハローワークに申告し、会社に対して指導を依頼することが考えられます。それでも発行してくれないという場合には、ハローワークに対して被保険者であることの確認請求を行い、ハローワークから離職票の発行を受けることもできます。

第8章

労働トラブルの
解決方法

Ⅰ 解決のための３つの手段

1 話し合い（交渉）による解決

Q20 私は正社員として勤めていた勤務先から突然解雇されてしまいました。私自身の名誉のためにもきちんと戦いたいのですが、早く解決したいとも思っています。どのような解決手段があるのでしょうか？

　労働に関するトラブルが起きたという場合、解決手段としては①話し合い（交渉）による解決、②行政機関（労働基準監督署）による解決、③司法機関（裁判所）を通じた解決という３つの手段が考えられます。

　話し合いによる解決、つまり交渉での解決ができれば、一番早いですね。その分、費用も安く済みます。

　自分だけで話し合いができればいいですが、万が一会社の方が聞く耳を持ってくれないと、交渉は成立しません。自分の言い分が、法律に照らして本当に正当なものといえるのかどうか、チェックすることが難しいこともあるかもしれません。

　そのような場合に頼りになるのが、労働組合です。社内に頼りに

なる労働組合がある場合には、まずは相談してみるとよいでしょう。もしも社内に組合がない場合には、社外の労働組合（ユニオンと呼ばれています）を頼ってみるのもよいでしょう。

2　労働組合とは

（1）労働組合がないとどうなるのか

　労働組合の役割について、もしかするとあまりイメージが湧かないかもしれませんので、例を挙げてみたいと思います。

　例えば、会社が労働者全員の賃金を一方的に切り下げてきたとします。このような場合に、労働者一人ひとりがばらばらに会社に説明を求めたところで、会社が本当の理由を正直に話してくれる保証は何もありません。とにかく業績が悪いんだよ！と突っぱねてくるだけかもしれません。不満を強く述べているような方たちを狙って、解雇をしてくるかもしれません（もちろん正当な権利行使に対する仕返しとしての解雇は違法であり無効です）。それでは働いている立場としては、怖くて会社にものを言えなくなってしまいますし、なんでも会社側の言いなりになるほかないということになってしまいそうです。つまり、一人だけで交渉をしている場合、会社に比べると立場が弱く、交渉力を持てないわけです。

　このような事態を防ぐために、人類の歴史の中で作られてきたのが労働組合です。

（2）労働三権

　労働組合は、労働者が団結して作る、労働者たちの権利を守るための団体です。団結して会社と交渉をしたり、街頭宣伝などの組合活動をしたり、場合によってはストライキをしたりします。このような行動をとる権利は、憲法や法律の中で手厚く保障されています。

　組合を結成し、加入する権利のことを団結権、労働組合が雇う側と労働条件などを交渉し、文書などで約束を交わすことができる権利のことを団体交渉権、労働条件改善のため、仕事をしないで団体で抗議する権利のことを団体行動権といい、これらをあわせて労働三権と呼びます。憲法や法律の保護のもとで、皆で一緒に交渉などを粘り強く行い、要求が聞き入れられない場合にはストライキなどの争議行為を行い、使用者に対抗することができます。そうすることで、賃金のカットやリストラ（大量解雇）、パワハラやセクハラといった会社の大問題を解決するにあたっての大きな交渉力を得ることができるのです。

　ただ、会社によっては労働組合がないというところも多くあります。あるいは、正社員だけが組合に入ることができ、アルバイトの方は入れない、社内で管理職の肩書きがついたら脱退を求められるという組合もあります。そのような場合には、社外の個人加盟の労働組合（ユニオン）が頼りになるかもしれません。

（3）不当労働行為の禁止

　他方、組合に入ったことや組合活動をしたことを理由に使用者が不利益な取扱いをしたり、使用者が組合に対して正当な理由なく損害賠償請求を行うようなことが許されてしまうと、どうなるでしょ

うか。組合から交渉を申し入れたのに対し、使用者が交渉の席につかなかったり、形だけ席についても真面目に交渉をしないという態度をとってきた場合、どうなるでしょうか。組合は正常な活動ができなくなり、せっかくの労働三権は絵に描いた餅になってしまいます。

　このような事態を防ぐため、労働組合法は、組合員に対する不利益取扱いや支配介入（組合潰し）、正当な理由なく団体交渉を拒否することや誠実に交渉を行わないことを、不当労働行為として禁じています。不当労働行為が行われた場合には、組合が各都道府県に設置された労働委員会に申し立てることによって、救済を受けることができます。

3　行政機関（労基署）による解決

　労働トラブルが起きた場合の２つ目の解決方法は、行政機関による解決です。労働基準法の違反については、労働基準監督署（労基署）が取り締まりを行っていますから、相談してみるとよいでしょう。

　例えば、残業代の未払いについて、会社に指導をしてくれたり、悪質な場合には会社に対して処罰をしてくれる場合もあります。ほかにも、各都道府県に置かれた労働局や労働センターが、紛争の解決のための話し合いを仲介してくれる「あっせん」という手続きを行っています。

　ただ、労働基準法違反とはいえない事件（代表的なものが不当解雇）については、迅速な対応を期待できないこともあるため、注意が必要です。

4　司法機関（裁判所）を通じた解決

　話し合いや行政機関による解決がなかなか難しいという場合には、裁判所を通じた解決を目指すほかありません。裁判所では、訴訟を起こすことができるほか、「労働審判」という、労働問題を早く解決するための専門的な手続きも用意されています。解雇されたり、賃金を支払ってもらえず生活が苦しいという場合には、労働仮処分という迅速な手続きも用意されています。

　個人で裁判の手続きを進めることもできますが、専門的な知識が必要となるため、労働問題に精通した弁護士に依頼しつつ、手続きを進めていくのがよいと思われます。

　労働問題を解決するためには、いくつもの手段があります。どのような手段が向いているのかについても含めて、労働組合や弁護士等の専門家に相談してみるとよいかもしれません。

主な相談先

●法テラス

TEL：0570-078-374

HP：https://www.houterasu.or.jp

●日本労働弁護団

TEL：03-3251-5363

HP：https://roudou-bengodan.org

●過労死弁護団全国連絡会議

TEL：03-3813-6999

HP：https://karoshi.jp

●ブラック企業被害対策弁護団

HP：http://black-taisaku-bengodan.jp

おわりに

　いかがでしたでしょうか。

　本書では、たくさんの事例を挙げながら、労働法について解説してきました。法律は、実際に起きたトラブルを解決するためのツールですから、具体的な事例とセットで勉強していくことが効果的です。

　労働トラブルについては、世間的な注目も高く、ニュースでもよく取り上げられています。本書で学んだことを使って、ニュースの事案をどのようにとらえるべきなのか、考えてみましょう。具体的な事案とセットで勉強することで、本書、ひいては労働法の理解がいっそう深まることでしょう。

　読者の皆さんの中には、本書やニュースの事例を見て、あり得ない、大げさだと感じる方もいるかもしれません。しかし、事実は小説よりも奇なりとはよく言ったもので、私たちが受ける相談の中には、明らかに労働法に違反するような取扱いがなされていることも少なくありません。

　労働トラブルに巻き込まれる可能性は、誰にでもあります。前もって対処法を知っておくことが重要です。ぜひ、トラブルに巻き込まれる前から本書をお読みいただければと思います。

　そして、自分がトラブルに遭遇したとき、周りでおかしいなと思うことがあったとき、本書を読み返してみてください。今の日本社会では、会社に対して「おかしい」と声を上げることは簡単ではないと思います。しかし、皆さんが声を上げることは、皆さんやその

周りの人の権利が守られるだけでなく、その会社の労働環境、ひいては日本社会全体の労働環境を良くすることにつながります。

　労働環境が良くなれば、労働者は気持ちよく、モチベーション高く働くことができます。読者の皆さんがいつか人事労務の担当者になったとき、部下を持つようになったときには、法律を守るというコンプライアンスの面だけでなく、社員にその能力を発揮してもらうという観点でも本書を活用し、労働法に沿った取組みを積極的に進めていただければと思います。

　本書が、誰もが気持ちよく働くことができる社会の実現に少しでも寄与することができたのであれば、存外の喜びです。

弁護士　**有野 優太**

[著者プロフィール]

笠置 裕亮（かさぎ ゆうすけ）

2010年　東京大学法学部卒

2012年　東京大学法科大学院卒

同　年　司法試験合格

2013年　弁護士登録（神奈川県弁護士会、横浜法律事務所所属）

東京大学教養学部講師、麻布大学講師（労働法）、日本労働弁護団常任幹事、過労死弁護団全国連絡会議事務局、日本労働法学会会員。

著書　『こども労働法』（日本法令、共著）、『新・労働相談実践マニュアル』（日本労働弁護団、共著）ほか、論文等の著作多数。

有野 優太（ありの ゆうた）

2017年　中央大学法学部卒

2019年　中央大学法科大学院卒

同　年　司法試験合格

2020年　弁護士登録（神奈川県弁護士会、横浜法律事務所所属）

日本労働弁護団常任幹事、同事務局次長、過労死弁護団全国連絡会議会員。

著書　「厚労省「留意事項」の批判的検討」（労働法律旬報2013号６頁、共同執筆）、『サクラサイト被害救済の実務［第２版］』（民事法研究会、共著）。

就活前に知っておきたい
サクッとわかる労働法　　　　令和6年4月1日　初版発行

検印省略

日本法令®

〒 101-0032
東京都千代田区岩本町 1 丁目 2 番 19 号
https://www.horei.co.jp/

著　者	笠　置　裕　亮	
	有　野　優　太	
発行者	青　木　鉱　太	
編集者	岩　倉　春　光	
印刷所	丸　井　工　文　社	
製本所	国　　宝　　社	

（営　業）	TEL	03-6858-6967	Eメール	syuppan@horei.co.jp
（通　販）	TEL	03-6858-6966	Eメール	book.order@horei.co.jp
（編　集）	FAX	03-6858-6957	Eメール	tankoubon@horei.co.jp

（オンラインショップ）　https://www.horei.co.jp/iec/
（お詫びと訂正）　https://www.horei.co.jp/book/owabi.shtml
（書籍の追加情報）　https://www.horei.co.jp/book/osirasebook.shtml

※万一、本書の内容に誤記等が判明した場合には、上記「お詫びと訂正」に最新情報を
　掲載しております。ホームページに掲載されていない内容につきましては、FAX また
　は E メールで編集までお問合せください。